CÉLÉBRITÉS
À L'AFFICHE

Anne-Claude Lelieur
et Raymond Bachollet

CÉLÉBRITÉS
À L'AFFICHE

Production : EDITA S.A. Lausanne
Directrice de collection : Dominique Spiess
Conception : Anne-Claude Lelieur et Raymond Bachollet
Réalisation de la maquette : André Milani et Mario Terribilini
Prises de vues : Yves Lesven pour les documents de la bibliothèque Forney
et des collections particulières

ISBN 2-88001-254-6
EAN 978 28 8001 2540.

Introduction

Grâce aux progrès réalisés à la fin du dix-neuvième siècle par les imprimeurs dans la maîtrise des techniques de la chromolithographie, l'art publicitaire a connu un développement prodigieux . La femme est devenue immédiatement l'argument essentiel de la vente. Depuis plus d'un siècle, son image séduisante et multicolore orne la majorité des affiches et des autres supports publicitaires, quelle que soit d'ailleurs la nature du produit proposé au consommateur. Il n'est qu'à feuilleter les ouvrages consacrés à la publicité pour s'en convaincre. Dessinateurs anonymes ou illustrateurs de renom ont tous sacrifié à ce rite, pour la joie de nos yeux et le plaisir de nos sens. Mais à aucun moment, cette prépondérance n'a été interrogée, ni à plus forte raison remise en question. Cette pratique étant considérée sans doute inconsciemment comme constitutive de la démarche publicitaire elle-même.

Pourtant, malgré l'emprise exercée par cette femme universelle, toujours jeune et resplendissante, la publicité a représenté et mis en scène d'autres catégories de personnages qui n'ont fait, jusqu'à ce jour, l'objet d'aucune recherche approfondie. Cet ouvrage est consacré à la découverte d'images utilisant à des fins publicitaires des personnages célèbres.

Dans ce contexte, un personnage peut être dit « célèbre » quand il est reconnu immédiatement et identifié avec précision par le public le plus large. Ces célébrités forment un ensemble non négligeable, car il englobe non seulement nos contemporains et ceux qui, pour une raison ou une autre, ont eu droit au cours du siècle passé à l'attention particulière de leurs congénères, mais aussi les personnes illustres disparues depuis longtemps et présentes dans la mémoire collective. Quel que soit le rôle confié par la publicité, ces personnages ont en commun leur capacité temporaire ou définitive à échapper à cet anonymat, auquel la femme-réclame, elle, est éternellement condamnée.

Le même anonymat guettait en fait une partie de ces personnages hors du commun, qui avaient eu leur heure de gloire mais dont le souvenir s'était à ce point effacé que leur identité n'était plus révélée que par quelques rares ouvrages spécialisés. Car si l'iconographie publicitaire fait souvent appel aux grands de ce monde, elle laisse au public le soin d'identifier ceux et celles qu'elle utilise. Elle les oublie ensuite. Les années passent et la plupart de ces célébrités d'un temps rejoignent le bataillon des sans nom. La signification exacte de leur emploi dans les affiches de leur époque risque alors d'échapper définitivement aux autres générations.

Ressusciter ces héros oubliés de la publicité française est ainsi devenu l'exigence fondamentale de cette recherche.

PETITE HISTOIRE DE LA REPRESENTATION DES GRANDS — LE ROLE PRIMORDIAL DE LA PRESSE

Avant que la photographie ne fasse son apparition, c'était à l'art officiel sous ses différentes formes -peinture, dessin et sculpture- qu'était confiée la tâche d'immortaliser les célébrités de chaque époque. Ces œuvres, peu accessibles en dehors de leur usage privé, étaient surtout conservées dans les églises, les châteaux et les musées. A côté de l'art officiel, l'imagerie populaire était également friande des mêmes personnages dont elle accentuait la légende ou les travers. Images d'Epinal, images religieuses, feuilles volantes de caricatures et enseignes peintes des magasins contribuaient largement à renforcer cette notoriété. Le dix-neuvième siècle allait se caractériser par un véritable culte des personnalités. Les aristocrates n'étaient plus seuls à se faire tirer le portrait, mais de plus en plus les représentants de la bourgeoisie, comme signe de leur réussite sociale. La naissance de la photographie en 1839, rapidement popularisée, allait accélérer ce processus.

Les premières revues satiriques, tels *La Caricature* et *Le Charivari* créées par Philipon après la révolution de 1830, allaient être, grâce à des artistes comme Daumier, le reflet de cette tendance et les agents de son renforcement. Très régulièrement dans les pages de ces journaux parurent lithographiés les portraits des personnalités de la vie politique et mondaine de la Monarchie de Juillet, de la Deuxième République, puis du Second Empire. Ce fut toutefois sous le règne de Napoléon III que cette presse se fit une spécialité du portrait-charge qui devait atteindre avec un André Gill le sommet du genre. Dans des périodiques, tels *La Lune*, *L'Eclipse* et *Le Hanneton* -chefs de file d'une importante cohorte de périodiques- fut représenté tout ce que le pays pouvait comporter de célèbre, sous la forme de personnages disproportionnés, avec des têtes énormes et des corps de gnomes. Prolongeant cette pratique systématique du portrait-charge, parurent des revues spécialisées présentant à la fois un portrait en couverture et une notice biographique en pages intérieures. On trouve ainsi *Le Trombinoscope*, *Les Hommes d'aujourd'hui*, *Les Contemporains* et au début du vingtième siècle *Les Hommes du jour*, pour ne citer que quelques titres. Les femmes ne furent pas complètement oubliées puisque que parurent également quelques numéros d'un périodique intitulé *Les Femmes du jour*. A la fin du Second Empire, il faut le rappeler, obligation était faite aux dessinateurs d'obtenir l'autorisation écrite du personnage chargé et de reproduire cet autographe sous le portrait de l'intéressé. Une pratique que n'oublieront pas certains annonceurs, tels les Biscuits *LU*, le Vin *Mariani* ou le Vin *Désiles*.

Il serait injuste d'oublier, dans la liste des organes de presse ayant joué un rôle prépondérant dans ce culte des célébrités, une catégorie de publications dont *L'Illustration*, créée en 1843, fut à la fois le symbole et le précurseur. Ce grand magazine, qui allait être le porte-images des classes dirigeantes des divers régimes politiques se succédant en France pendant le dix-neuvième siècle, avait permis pour la première fois à ses lecteurs de « voir » l'actualité, en reconstituant sous leurs yeux, par le seul dessin, puis par la photographie reportée sur bois de fil, les personnages et les événements dont les journaux d'informations ne leur avaient fourni que la description. D'autres publications destinées à la famille et à l'éducation des enfants, tels *Le Magasin pittoresque*, pour ne citer que le plus ancien, favorisèrent le culte des héros en exaltant par le texte et l'image les vertus des personnages édifiants. *Le Petit Journal illustré*, organe représentatif de la presse populaire à bon marché, créé en 1890, au moment où l'affiche illustrée prenait elle-même son essor, allait toucher de nouvelles couches de la population avec ses couvertures imprimées en couleurs et donner au public le goût des compositions accrocheuses.

Ce tableau rapide ne serait pas complet, si l'on omettait de parler de l'influence décisive qu'exerça à partir des années 1880, sur les arts en général et sur la publicité en particulier, la presse satirique et humoristique française. Usant de la liberté accordée aux publications de tous genres par la loi de 1881, des périodiques comme *La Caricature* de Robida, *Le Chat noir* de Rodolphe Salis, *Le Courrier français* de Jules Roques, *Le Rire* de Félix Juven, *Le Cri de Paris*, puis *L'Assiette au Beurre*, abandonnèrent le portrait-charge de leurs aînés au bénéfice d'autres formes de compositions plus narratives, où la fantaisie et la farce pouvaient prendre place. Les célébrités du moment étaient mises en scène avec impertinence dans des situations rappelant l'actualité. *Le Rire* en particulier publia, sous la plume de Léandre, de Veber et de Cadel, des séries consacrées aux célébrités du temps intitulés « le Musée des Souverains », « le Gotha du Rire », « les Amoureux de Marianne ». Roubille dessina pour *Le Musée des Sires* une série d'affichettes représentant les portraits humoristiques des souverains européens qu'on espérait voir visiter l'exposition universelle de 1900. La publicité bénéficia donc au plus haut point du climat de liberté d'expression et du champ d'expériences graphiques que provoquèrent ces petits journaux amusants. Faut-il préciser qu'on retrouvait alors les mêmes signatures d'artistes dans les pages de ces revues et au bas des affiches ?

C'est donc dans un terreau ancien, riche et complexe que l'art publicitaire dès ses origines s'enracina, prenant à chaque époque les éléments nourriciers nécessaires à sa croissance.

GRANDES PERIODES

Les premiers documents, utilisant des personnages célèbres, qui ont été retrouvés, sont assez anciens. Ils remontent à la première moitié du dix-huitième siècle. Ce sont des affichettes gravées représentant Louis XIV et le roi David qui servaient d'enseignes à des marchands de vêtements. Il y a deux siècles et demi, cette pratique existait donc déjà. Au début du dix-neuvième, ce sont les effigies de Napoléon 1er et du roi Louis-Philippe qui furent utilisées par un parfumeur pour ses savons et son eau de Cologne. Au milieu du même siècle apparurent les affiches de Rouchon qui mettaient en scène des personnages religieux ou historiques dans de belles affiches coloriées en aplats servant essentiellement d'enseignes à des magasins de nouveautés. Deux décennies plus tard, les premières affiches de Chéret sacrifiaient au même rite, en utilisant des personnages historiques pour des magasins de vêtements qui commençaient à pratiquer le prêt-à-porter. A la grande satisfaction des affichomaniaques, on assista, à partir de 1890, à une véritable explosion publicitaire, où la variété des produits proposés n'avait d'égale que la diversité des nouveaux personnages -hommes politiques, souverains étrangers, acteurs et comédiennes, écrivains et champions sportifs- utilisés à leur promotion.

Les protagonistes de ces scènes colorées n'étaient pas nommés, chacun les reconnaissait et le peuple s'amusait. Personne alors ne s'offusquait de ce qui, aujourd'hui, pourrait apparaître comme une atteinte à la liberté individuelle ou comme un manque de respect envers les représentants du pouvoir. Un des présidents de la République, qui allait être le plus représenté, Armand Fallières, avait un « look » qui le rendait aisément reconnaissable au premier coup d'œil. Arborant une houpette de cheveux blancs et un embonpoint de bon aloi, Fallières était le plus souvent dessiné en pantoufles, débraillé, avec la chemise sortant du pantalon. Son image pouvait dès lors être utilisée pour les bretelles, les chaussures, la lingerie, la confection, mais aussi pour les produits d'entretien, les premiers appareils d'électro-ménager, et bien sûr pour la gamme la plus complète des boissons alcoolisées et des moyens de transport, cycles et automobiles qui commençaient à rencontrer un vif succès. La bonhomie du personnage, renforcée par la popularité dont jouissaient plusieurs souverains européens dans l'opinion française, conduisait tout naturellement les créateurs d'affiches à évoquer une ambiance conviviale dans toutes ces réunions où les chefs d'Etat communiaient au même spectacle ou à la même boisson, donnant en quelque sorte aux produits utilisés une dimension universelle. Mais au-delà de la distraction du public, il y avait, dans cette approche très originale de la publicité, essentiellement humoristique, la volonté des créateurs d'insérer leur produit dans l'actualité et de tenter, d'une façon plaisante, de conjurer les antagonismes profonds des hommes, les divergences d'intérêt des pays respectifs et d'éloigner le spectre des guerres. Ces arguments publicitaires d'un genre nouveau n'allaient pas résister au séisme provoqué dans les esprits par la Première Guerre mondiale.

De ce fait, pendant l'entre-deux-guerres, la référence aux chefs d'Etat étrangers disparut complètement. La grande époque de la publicité humoristico-politique française était également passée, même si furent encore publiées quelques affiches rassemblant des représentants d'un système parlementaire mis à mal par les difficultés de l'heure et la montée des fascismes en Europe.

Ce fut l'époque où les vedettes du sport et du spectacle prirent définitivement le relais de la classe politique, où le dessin de création fut progressivement supplanté par un art photographique en pleine révolution, où l'affiche elle-même fut concurrencée par les annonces publiées dans la presse illustrée. Cette dernière et l'édition de catalogues publicitaires, qui connut alors son âge d'or, furent le lieu de prouesses techniques, notamment grâce à l'utilisation de l'héliogravure et au perfectionnement des procédés d'impression en couleurs. L'Illustration fit une brillante percée dans ce domaine, suivie de près par la nouvelle génération de magazines, Vu, Voilà, Documents et bientôt Paris-Match, qui allaient rendre compte du « nouveau regard » que les jeunes photographes jetaient alors sur le monde des objets et de la matière. Les célébrités, à l'exception des vedettes du sport et du monde du spectacle, n'étaient plus guère à la mode. Certaines créations graphiques virent pourtant le jour où apparaissaient le Temps, sa faucille et son sablier, Louis XIV, dont on fêtait le bi-centenaire, et la Marquise de Sévigné, dont les exquises compositions de Maurice Leloir allaient occuper plusieurs années durant la quatrième de couverture des numéros de Noël de *L'Illustration*.

Après les affiches de propagande du temps de l'occupation, où dominèrent les portraits du Maréchal Pétain, et quelques figures de gaulois et de chevaliers, utilisées comme symboles de la lutte anti-bolchevique, la France de la Libération devait se réveiller avec une furieuse envie de vivre et de consommer. La civilisation américaine, dont la puissance industrielle avait permis aux alliés de vaincre les forces de l'Axe, allait devenir pour le consommateur français le modèle de ces années d'après-guerre. Le cinéma américain fut un des vecteurs de cette influence décisive, et l'on assista dans le domaine des célébrités, à l'utilisation à grande échelle des vedettes américaines, laissant, dans ce domaine, peu de place à une création publicitaire originale.

L'emploi récent des sosies d'Elisabeth II d'Angleterre, de Margareth Thatcher, de Ronald Reagan, de John Kennedy, de Marylin Monroe, de Charlot, de James Dean, de Bourvil et de Funès, la campagne *Banania* faisant appel à des personnages historiques et à des héros de films, ainsi que l'utilisation publicitaire de l'image de François Mitterrand, viennent remettre un peu de fantaisie dans un domaine que l'humour avait complètement déserté.

LES DIFFERENTS PERSONNAGES

Les personnages ont été regroupés dans ce livre en quatre grandes catégories.

En premier lieu, sont présentés les personnages de la mythologie grecque ou latine, tels Mercure, Esculape et Vénus ; puis les personnages de la religion judéo-chrétienne, d'Adam et Eve au Christ lui-même, sans oublier ni le diable, ni les saints ; et enfin, à titre de transition, le grand mythe moderne du Père Noël et quelques personnages allégoriques, dont Marianne est bien sûr le fleuron.

Dans la seconde catégorie, sont regroupés quelques grandes figures de l'Histoire de France, de Vercingétorix à Napoléon 1er. Le souci des auteurs n'a pas été d'établir le catalogue historique le plus complet possible, mais plutôt de rendre compte, par la variété du nombre de documents retenus, de la place préférentielle que chacun de ces héros nationaux occupe dans notre mémoire collective. Napoléon et Henri IV, premiers de liste au palmarès de la célébrité, sont ainsi très largement représentés.

Ce sont les personnalités de la vie politique française et étrangères, croquées de leur vivant, qui constituent la trame de la troisième partie. Ces acteurs occupent essentiellement la scène de la Troisième République, à quelques exceptions près. Ce sont les sujets les plus nombreux et, bien sûr, ceux dont l'identification a donné le plus de fil à retordre.

Dans le quatrième groupe, ont été réunies les célébrités du monde artistique et du sport. On y trouve des écrivains et quelques-uns de leurs héros favoris, des champions sportifs, des acteurs de théâtre, ainsi que des vedettes du music-hall, du cirque et du cinéma. Pour les vedettes de cinéma, dont l'utilisation dans la publicité a été très importante, le choix a été volontairement limité, d'autant qu'un jeune auteur, Jean-Marc Lehu, dans un ouvrage à paraître, fera prochainement le point sur le Star-système à partir des milliers de documents qu'il a rassemblés sur le sujet.

Les célébrités présentées dans l'ouvrage sont au nombre de trois cents. Certaines d'entre elles, très sollicitées, se retrouvent , tels Edouard VII d'Angleterre et Léopold II de Belgique dans une vingtaine d'affiches différentes ! Au milieu de ces figures populaires, ont été introduites des individualités inattendues, comme le Masque de fer, porte-emblème d'un magasin d'habillement, et l'anarchiste Bonnot, faire-valoir d'une marque d'automobiles.

L'identification des personnages présentés n'a pas toujours été facile, ni possible dans certains cas. Certains d'entre eux ont échappé à la perspicacité des auteurs tels les vieux beaux des Chapeaux *Delion*, reconnus mais non cités par Ernest Maindron dans son deuxième livre sur les affiches illustrées. D'autres, par contre, comme Jacques 1er, l'empereur du Sahara, ont pu sortir de l'ombre où les historiens les avaient relégués, après une longue enquête. Des erreurs dans ce domaine délicat restent probables, telle la confusion redoutable, évitée de justesse, qui avait fait attribuer à Clémenceau le portrait de Bismarck, tant la ressemblance du « Tigre » avec le « Chancelier de fer » était grande à la fin de sa vie ! Ce travail d'identification des hommes politiques français a un autre effet positif : il permet d'apporter à la datation de certaines affiches une précision qui leur faisait souvent défaut dans les ouvrages spécialisés.

SOURCES ET SUPPORTS

Parmi les documents retenus pour cette étude, les affiches ont été privilégiées dans la majorité des cas, à cause de leur rareté et de leur intérêt graphique et historique ; les autres supports choisis ne servant que de contrepoint à leur présentation. Plus de la moitié de ces affiches proviennent de la Bibliothèque Forney, qui cherche à enrichir ses collections sur le sujet depuis plus de dix ans. L'étude du fonds du Musée de la Publicité, rendue possible grâce à l'existence de diapositives, a également révélé de très belles pièces, anciennes et rares, tout à fait introuvables sur le marché. Une dizaine d'entre elles figurent dans cet ouvrage. Les réserves de la Bibliothèque Nationale, dont les affiches, dans leur majorité, ne sont encore ni entoilées, ni photographiées, n'ont pu être entièrement examinées : elles permettront plus tard la publication de travaux complémentaires sur le sujet ! Dès maintenant, toutefois, on peut admirer les magnifiques affiches de Rouchon, provenant de son fonds, qui éclairent d'un jour nouveau la production publicitaire du milieu du dix-neuvième siècle français. D'autres documents comme ceux du Musée du Sport de Paris, du Musée Paul-Dupuy à Toulouse ou de la Bibliothèque nationale suisse de Berne, ont été découverts grâce à des ouvrages ou à des catalogues d'exposition. De nombreux collectionneurs privés ont apporté enfin une contribution irremplaçable à cette longue enquête.

Les affiches n'avaient pas seules le privilège de la spécialité « Célébrités ». De nombreux albums publicitaires notamment reproduisaient dans leurs pages les portraits de leurs illustres clients. Certains annonceurs comme *Angelo Mariani*, le vin *Désiles*, *Félix Potin* ou les bicuits *LU* avaient fait de ce procédé la base de leur promotion. La maison *High Life Tailor* et les chaussures *Incroyable* mélangaient ainsi habilement dans leurs catalogues les caricatures des hommes politiques et la reproduction photographique de leurs modèles mis en vente. Le célèbre couturier présentait en même temps dans ses vitrines de la rue de Richelieu les portraits grandeur nature, peints à l'huile, des mêmes personnages. De tous ces albums, qui auraient mérité une étude particulière, n'ont été reproduites que quelques pages.

En 1913, l'éditeur Maurice Devriès avait eu l'idée amusante de publier pour 1914 un éphéméride comportant pour chaque jour de l'année, à l'exception du temps des vacances, la publicité d'un produit différent accompagnée du portrait d'une des célébrités de la vie politique ou du monde artistique. Sur les deux cent cinquante réclames ainsi publiées, une seule figure dans cet ouvrage.

Quantitativement, les annonces illustrées parues dans la presse sur le sujet étaient de loin les plus nombreuses : une dizaine de ces compositions ont été sélectionnées.

A la fin du dix-neuvième siècle les imprimeurs produisirent de charmantes étiquettes en chromolithographie destinées à l'ornementation des boîtes de sucre et de bobines de fil à coudre. Quelques exemples de ce genre aujourd'hui disparu, seront donnés. Les étiquettes de vin et de fromage représentant des personnages historiques furent également légion. La silhouette de Napoléon, fréquemment utilisée, devint ainsi le symbole de la France pour les produits destinés à l'exportation. On en verra un petit échantillon.

Les tableaux-réclames placés dans les vitrines ou les présentoirs accrochés dans les boutiques eurent aussi une grande diffusion. La plupart d'entre eux représentaient des vedettes du spectacle vantant des produits de beauté ou des boissons alcoolisées. Quelques pièces significatives ont été retenues.

Les prospectus, dont la disparition complète a été évitée grâce à la vigilance des collectionneurs, seront représentés par quelques spécimens intéressants, ainsi que les cartes postales publicitaires qui, elles, ont subsisté en plus grand nombre. Certaines reproduisant des affiches connues ; d'autres sont inédites et c'est à ce titre qu'elles ont été choisies.

Les autres supports publicitaires, comme les éventails, les buvards, les boîtes métalliques, les sous-bocks, les bagues de cigares, les cendriers, les statuettes et autres objets, n'ont pas été retenus. De même que les séries d'images chromolithographiées éditées par le *Bon Marché* et le chocolat *Guérin-Boutron*, présentant un caractère trop didactique. Ni aucun document filmé.

ANNONCEURS ET PRODUITS

Un examen, même rapide, des différents annonceurs de l'échantillon étudié — ils sont plus de deux cents — prouve que l'utilisation des personnages célèbres n'a pas été limitée à un seul secteur d'activité. Habillement, alimentation, boissons, produits manufacturés, presse, tourisme ont tous eu recours, à un moment ou à un autre, à cette pratique. Chronologiquement, l'habillement et les magasins de nouveautés occupent une place plus importante pendant les premières décennies. Auparavant, il n'existait pas de vêtements en prêt-à-porter, les pauvres ne trouvaient à s'habiller que chez les fripiers. On assiste donc à partir du milieu du dix-neuvième siècle au développement de ces commerces, notamment dans le secteur de l'habillement masculin. Les femmes préfèrent encore, pour un moment, s'adresser à leur couturière ou confectionner elles-mêmes leurs robes. A partir de 1890, on note, pour la bicyclette, une intense réclame qui va quasiment disparaître après 1910, alors que la publicité pour les automobiles va, elle, se maintenir jusqu'à nos jours. A la veille de la Première Guerre mondiale, on voit apparaître la publicité pour les premiers appareils électro-ménagers, notamment l'« *Aspirator* » utilisé par Armand Fallières. Les produits de beauté et d'hygiène connaissent dans la seconde moitié de notre siècle une progression spectaculaire, dont cet échantillon ne rend que modestement compte. Quelle que soit l'époque par contre, les boissons alcoolisées restent les « grandes reines » de la fête publicitaire : elles représentent le quart des marques citées !

En examinant le contenu des affiches, on peut classer les annonceurs en trois grands groupes distincts. On repère en premier lieu ceux qui demandent à l'affiche de leur servir d'enseigne, généralement pour un magasin unique, dont elle mentionnera alors nécessairement l'adresse et l'activité. Ces documents sont généralement les plus anciens. On trouve ensuite ceux qui ont besoin à la fois de faire connaître leur produit et de se faire reconnaître comme fabricant : la publicité axe dans ce cas son message sur le produit mais le texte de l'affiche donne les coordonnées complètes du producteur. Certaines de ces affiches comportent en plus dans leur partie inférieure un bandeau blanc sur lequel l'agent distributeur pourra, à son tour, faire imprimer son nom et son adresse. Cette forme de publicité personnalisée, qui représente à peu près la moitié de l'échantillon, souligne le caractère artisanal et local de la production et de la distribution. Avec la dernière catégorie, c'est la publicité de marque qui fait son apparition : l'affiche ne comporte plus aucune indication, ni de producteur, ni de distributeur ; le consommateur étant alors censé savoir où trouver le produit concerné. Contrairement à ce que d'aucuns pensent, les premières affiches de marque apparaissent dès la fin du siècle dernier. Elles sont évidemment de plus en plus nombreuses dès qu'on se rapproche de notre époque.

La plupart des annonceurs retenus ont disparu, mais quelques-uns d'entre eux existent toujours et l'on est heureusement surpris de trouver dans les premières années du siècle des marques comme *Dubonnet, Peugeot, Saupiquet, Courvoisier, Michelin, Cérébos, Félix Potin* ou les biscuits *LU* qui font encore partie de notre environnement quotidien.

DESSINATEURS ET CREATION GRAPHIQUE

L'ensemble des affichistes figurant dans cet ouvrage est représentatif d'une publicité bon enfant et populaire. Mis à part Chéret, Toulouse-Lautrec et Cappiello, ces artistes n'ont fait l'objet d'aucune étude biographique sérieuse et ne sont connus que par leurs œuvres.

Eugène Ogé, par exemple, le plus intéressant dans le genre et le plus représenté dans cet album, reste un parfait inconnu. Seules indications, ces quelques mots de Maindron dans ses « Affiches illustrées » de 1896 : « Depuis plusieurs années, M.Charles Verneau, fort bien inspiré, a attaché à sa maison d'où sont sorties déjà tant d'affiches remarquables, un dessinateur généreusement doué. Le nom de cet artiste est resté longtemps inconnu, ses œuvres paraissant sous le voile de l'anonymat. C'est par le placard de "l'Exposition du livre", le premier signé de lui, que le nom de M.E.Ogé a été révélé au public, c'est par ce même placard que l'attention s'est fixée plus étroitement sur les affiches dues aux presses de M.Charles Verneau. Le nom de M.E.Ogé est donc acquis maintenant au mouvement de publicité qui marque la fin de ce siècle. Ses compositions sont d'un dessin châtié, on y sent une main ferme et sûre d'elle même, un esprit distingué, curieux des choses nouvelles, dès longtemps rompu aux difficultés de la lithographie (...) L'œuvre de M.Ogé est considérable... »

Ces propos illustrent à la fois le mystère qui continue à planer sur l'identité exacte de ce grand lithographe et les liens qui unissaient artistes et imprimeurs. Beaucoup de ces derniers employaient à demeure des dessinateurs qui ne signaient jamais leur production. Ce qui explique l'importance des créateurs anonymes qui représentent plus du quart de l'échantillon. Parmi la centaine de signataires des œuvres présentées, nombreux sont ceux qui mériteraient, si la place ne manquait pas, un hommage prolongé. Citons pêle-mêle parmi les plus remarquables, Auzolle, Adrien Barrère, Gus Bofa, Albert Guillaume, Jules Grün, Joë Bridge, Lochard, Moloch, Courtois, Jossot, Gassier, Sennep, Carlu, Chaval, Gesmar, Paul Colin et l'affichiste suisse Forestier.

Une partie de ces artistes étaient des collaborateurs réguliers des revues humoristiques et satiriques. C'est pour le succès de leurs charges publiées dans *Le Rire*, *L'Assiette au Beurre* ou quelque autre revue qu'on faisait appel à eux. On admirait leur trait incisif et simplificateur, les larges aplats colorés de leurs compositions et leurs mises en page originales. Pendant toute la durée de la Troisième République, l'approche publicitaire restera marquée par le talent de ces artistes qui n'envisageaient pas cette activité sans la caricature et l'humour.

Pourtant, l'affiche dessinée allait être progressivement et définitivement détrônée par la photographie, notamment avec le développement du star-système. Contrairement à la photographie publicitaire qui cherche à donner des personnages une image illusoire de la réalité, le dessin met en scène un personnage « imaginaire » qui sollicite davantage la participation active du public. De ce fait, le dessin reste l'outil privilégié de cette forme de publicité.

IMPRIMEURS ET TECHNIQUES D'IMPRESSION

La nature des publicités a varié au cours des décennies en fonction de l'évolution des techniques de reproduction et d'impression. Les premières affiches, celles du dix-huitième siècle, sont des gravures au burin, de format réduit. A cette époque, il était en effet difficile de réaliser des feuilles de papier de grande taille. Les étiquettes de parfumerie d'époque romantique sont de petites lithographies imprimées en noir et blanc et coloriées ensuite au pochoir. Les affiches du milieu du dix-neuvième siècle réalisées par Rouchon sont des impressions à la planche de bois, selon la technique utilisée alors dans la fabrication des papiers peints. A partir de 1870, la lithographie en couleurs prend le monopole de l'impression des affiches. Elle le gardera jusqu'aux années cinquante, jusqu'à ce que l'offset vienne détrôner ce noble procédé.

Plus d'une centaine d'imprimeurs différents ont réalisé les publicités présentées ici. Cette grande diversité était le signe de l'extraordinaire vitalité de ce secteur professionnel. Dans cette production, certains se taillaient toutefois la part du lion, tels Vercasson, Verneau, Camis, Robert, Kossuth et plus récemment Devambez, La Vasselais et Bedos.

Certains imprimeurs se spécialisaient. Ainsi Champenois réalisait en grand nombre des chromolithographies très soignées de petit format. Pichot, à Paris, et Garnaud, à Angoulême, produisaient uniquement des étiquettes.

Un certain nombre d'affichistes étaient en relation régulière avec une imprimerie. Ogé, après avoir travaillé avec Charles Verneau allait, comme Cappiello, signer un contrat avec Vercasson. Tamagno, Jossot et Guillaume, eux, travaillaient chez Camis ; et Barrère, chez Robert. D'autres artistes avaient leurs propres imprimeries, comme Joë Bridge, Lochard ou Philippe Chapellier. Chéret, quant à lui, possédait son propre atelier au sein de l'imprimerie Chaix.

Plus des trois quarts des documents sont issus d'imprimeries parisiennes mais la province et l'étranger ont produit quelques documents intéressants.

PETIT MODE D'EMPLOI POUR CELEBRITES

Les célébrités ont plusieurs cordes à leur arc, car non seulement elles donnent en pâture leur effigie, mais elles cèdent volontiers leur nom à des boutiques, à des firmes et à toutes sortes de produits. Certaines n'hésitent pas à devenir des enseignes de magasins, comme « A J.J.Rousseau », « Au Roi David », « A Sainte Marie » ou « Au Bon Diable », ou des faire-valoir permanents de produits ou de marque, tels le savon *Jeanne d'Arc*, le cirage *Jean-Bart*, les stylos et les vêtements *Bayard*, les biscottes *St-Luc*, le chocolat *Henry*, les cycles *Mentor*, le camembert *Napoléon*, la plume *Jules Verne* ou le Cherry *Chevalier*. Plus rarement, c'est un de leurs attributs qui est utilisé : le « *Chapeau Rouge* » fait ainsi allusion au cardinal de Mazarin et « *La Redingote Grise* » à Napoléon.

Quelles sont les raisons de ces choix ? Parfois, le motif initial apparaît clairement : le propriétaire du magasin « *Au roi David* », s'appelle lui-même David, la boutique « *Au Grand Turenne* » s'installe à deux pas de la rue de Turenne, la « *Maison Richelieu* » propose ses costumes rue de Richelieu, où résident d'autres grands tailleurs, « *Au Grand Pascal* » ouvre ses portes à Clermont-Ferrand, dont le célèbre penseur est originaire, Henri IV, l'enfant du Béarn, sert d'ambassadeur aux produits du sud-ouest de la France. Mais certaines de ces appellations échappent à la compréhension, tels Athos pour une machine à coudre, Esmeralda pour une marque de cognac, St Nicolas pour du fil à coudre ou Jeanne d'Arc pour du savon de Marseille !

Dans les autres cas, les célébrités prêtent seulement (vendent parfois) leur image. Celle-ci est immanquablement associée à un produit. Parfois, le rapport est directement explicite entre le personnage et le produit : le Temps est choisi pour des montres, les champions cyclistes pour des bicyclettes, Mercure pour sa vitesse, Esculape pour des produits diététiques, le Diable pour la chaleur de son charbon, Cyrano de Bergerac pour une pharmacopée nasale. Quelquefois, le rapport suppose connus certains aspects de la vie du héros, la poule au pot du roi Henri IV pour le bouillon en cubes *Oxo*, la campagne d'Egypte de Bonaparte, pour le papier *Le Nil*, la retraite de Russie ou les maux d'estomac de Napoléon pour le réfrigérateur *Far* ou la *Formocarbine*, la légende de Faust pour bien situer Méphisto et son Elixir de longue vie, l'épisode du paradis terrestre et de la pomme pour apprécier les tentations multiples auxquelles nous entraîne habituellement la mère des hommes. Parfois, une référence littéraire à la limite du calembour fait surgir de façon inattendue certains personnages, tels Iphigénie en « *Bolide* » (une marque d'automobiles) évoquant la pièce de Racine « Iphigénie en Aulide » et Corneille pour la *Valor*, « la bicyclette bien née (comme le "Cid"), qui n'attend pas le nombre des années ».

Quand on compare les différentes publicités, on s'aperçoit vite que les affichistes n'utilisent pas de la même façon les illustres défunts et les contemporains en vue !

Avec les célébrités disparues, l'artiste espère opérer un transfert de notoriété du personnage sur le produit. Certes, les héros du passé sont généralement des valeurs sûres. Ce sont les obligations de la Bourse publicitaire ! Les commerçants qui choisissent des sujets religieux en attendent protection, caution morale, succès et, pourquoi pas, intercession miraculeuse. Avec les figures mythologiques et historiques, le personnage retenu se doit d'incarner la ou les qualités du produit que l'on veut mettre en évidence. Le vin *Bravais* doit non seulement donner la force d'Hercule, mais apporter de surcroît, comme le mentionne le texte de l'affiche, santé, vigueur et beauté. Aucune difficulté d'apprentissage avec le cycle *Mentor* aussi docile envers son possesseur que Télémaque envers son maître. Le cycle *Favor* sera d'une solidité à toute épreuve puisqu'il est capable de supporter Atlas et son pesant fardeau. Le savon *Vénus* transformera en beautés divines celles qui l'utiliseront. Quel pouvoir de séduction ne pas attendre de l'eau de Cologne utilisée par Léda ? Les montres *Perfecta* auront une précision même supérieure à celle du personnage censé régler la marche du temps. La qualité « sans reproche » des automobiles *Bayard* ne craindra pas la concurrence.

Séduire, convaincre, suggérer, voire commander, tels sont donc les moteurs qu'actionnent les créateurs utilisant ces grandes figures du passé. Au stéréotype rassurant du personnage, couramment de type paternel, correspond souvent un message conventionnel un tantinet directif : « Prenez-en, Dieu l'ordonne » ; « Un don du ciel, le savon sec de la Sainte Famille » ; « Saint-Yorre protège votre santé » ; « C'est la vie », dit César ; malheur à « ceux qui n'en prennent pas », suggère Esculape ; « Chaque jour, tu mangeras... », prescrit et commande à la fois Saint Luc ; « Souscrivez », exige également le Père Noël...

Le public qui reçoit ces messages est vraiment « bon enfant » ! Avec les personnages du passé, on a donc affaire le plus souvent à une publicité qui utilise sans complexe les leviers du conformisme social.

Avec les images de personnages contemporains par contre, la publicité peut jouer sur des registres nouveaux, et même prendre des risques. Ce sont des valeurs spéculatives. A risque d'oubli. Fragiles et éphémères. Mais dans l'immédiat bien plus excitantes ! Le rapport personnage-produit devient parfois volontairement insolite, tels les Immortels de l'Académie française de Gus Bofa choisis pour un pneu Increvable ou la bande à Bonnot pour vanter les performances de la voiture censée mettre fin à leurs sanglants exploits, ou les représentants des grandes puissances colonisatrices en train de savonner vigoureusement le Maroc dans l'espoir de le faire changer de couleur ! Parfois l'absence même de rapport devient un argument irrésistible, telles l'affiche de Jossot présentant quelques sommités du monde du spectacle et de la vie politique en train de dévorer des sardines à l'huile avec leurs mains, ou l'affiche de Cappiello, représentant la crème des comédiens et comédiennes de l'époque en train d'acheter des nouilles.

Ce sont surtout les personnalités de la vie politique qui méritent le plus notre attention. Celles-ci sont mises en scène dans des situations originales, ayant presque toujours avec l'actualité un rapport certain, que le public doit découvrir à travers des signes discrets laissés à son attention par le dessinateur. Parfois, ce mode de représentation, très proche de la caricature, a un caractère iconoclaste. L'exemple le plus frappant du genre est cette affiche d'Ogé pour les Pastilles du *Docteur Trabant* représentant les deux adversaires de la guerre des Boërs, la reine Victoria et le Président Krüger, qui sera pour son caractère irrespectueux envers la souveraine interdite par la préfecture de police. Mais c'est le plus souvent l'humour qui l'emporte dans ces productions, le désir de distraire et d'intéresser le public. Ce sont moins les réflexes grégaires d'imitation ou les mécanismes d'identification qui sont alors sollicités, qu'une forme de connivence entre le créateur et son public.

Le message humoristico-politico-publicitaire, toutefois, est interprétable à plusieurs niveaux. Les réunions de souverains et de sommités de tous bords auxquelles le spectateur est convié, marquent les produits concernés du signe de l'universalité et peuvent donner au consommateur le désir d'appartenir à la même élite, à un groupe d'élus dont il espère acquérir les privilèges. La référence subtile à l'actualité donne au consommateur le sentiment qu'il est dans le vent et fait partie d'un groupe social capable de décrypter des messages codés et de les apprécier. Il est vrai que la dimension caricaturale et le caractère souvent foisonnant de la composition incitent irrésistiblement le public à entreprendre l'analyse de l'image. Cet effet de distanciation est parfois renforcé par la gravité des sujets effleurés, car si l'on parle si souvent de Paix, c'est que la guerre a eu lieu ou n'est pas loin (guerre russo-japonaise, guerre des Balkans, crises du Maroc, etc.) ; car si les grands de ce monde ont dans ces images des rapports amicaux, on sait que, dans la réalité, certains se haïssent cordialement, qu'ils représentent, de toute façon, des intérêts divergents et sont, dans ce sens, des dangers potentiels.

Avec cette approche publicitaire originale, le message n'est donc pas directement axé sur les qualités de ce qu'on veut vendre mais sur la mise en scène d'une activité sociale qui donne au produit la dimension relationnelle de son utilisation courante. Le caractère ludique et politique au sens large de cette forme publicitaire ne peut qu'éveiller l'attention et l'intérêt du public mais la richesse du message n'enferme pas le consommateur dans un mode de réponse stéréotypé. Cette démarche, si peu courante dans le domaine de la publicité où les pulsions inconscientes sont couramment sollicitées et où le facteur quantitatif prime souvent sur la qualité du message, méritait qu'on s'y arrêtât.

*

* *

Mais pour saisir toute la dimension de cette forme originale de publicité, encore fallait-il au préalable identifier les « célébrités à l'affiche » dans leur diversité et leur environnement événementiel. Ce fut le passage obligé de cette recherche, celui que le lecteur est maintenant invité à emprunter.

Le livre est divisé en quatre parties, correspondant aux grandes catégories de personnages. Chacun de ces chapitres est précédé d'une introduction détaillant les documents présentés. Les publicités sont rassemblées ensuite par double page comportant un titre significatif donnant l'idée générale qui a présidé au regroupement des images. Elles sont elles-mêmes accompagnées de légendes détaillées. Pour permettre au lecteur de s'intéresser uniquement au contenu des publicités et aux circonstances éventuelles de leur création, toutes les données techniques, auxquelles sont attachés à juste titre les spécialistes, ont été regroupées en fin d'ouvrage.

Le livre, entièrement et magnifiquement imprimé en couleurs, présente des documents très rares qui n'avaient jamais été reproduits. « Célébrités à l'affiche » est le premier ensemble de publicités qui ait jamais été rassemblé sur ce sujet passionnant, qui intéresse à la fois l'histoire de l'affiche et les sciences humaines qui étudient la constitution et l'évolution des mentalités.

Personnages mythologiques, religieux et allégoriques

Les dessinateurs d'affiches cherchent à attirer l'attention des consommateurs par des textes subtils, des dessins aux couleurs éclatantes et l'utilisation de personnages illustres ou séduisants. Il était naturel qu'ils puisent dans la religion grecque et romaine, dans la bible et dans la mythologie populaire des figures capables d'animer leurs compositions. Faisant partie intégrante de la culture occidentale, ces héros pouvaient être reconnus au premier coup d'œil et facilement assimilés.

Personnage mythologique, « Le Temps », ce vieil homme étique armé d'une faux et d'un sablier apparaît souvent dans les annonces illustrées et les affiches pour promouvoir des produits manufacturés. Le message est facile à décrypter : automobiles, réfrigérateurs, montres et chronomètres ont acquis une telle robustesse que l'usure du temps ne peut plus rien sur eux (n°1 à 4). La fréquente apparition de ce personnage est le signe d'une société qui cherche, grâce au développement accéléré de ses techniques, de ses moyens de transport et de communication, à échapper au pouvoir tyrannique de l'inexorable vieillard.

Le panthéon antique renferme bien d'autres figures propres à attirer les publicitaires. Esculape, le dieu de la médecine, est naturellement évoqué pour les produits de régime (n°6) et les médicaments, notamment dans les revues médicales. Neptune, le dieu de la mer et des éléments, sert de symbole à une compagnie maritime, ou bien donne son nom à une maison d'imperméables. Vulcain, le dieu du feu et des métaux, devient l'enseigne d'un magasin d'outils. L'image de Mercure, le messager des dieux, est associée à celle d'« *Interflora* », la chaîne de fleuristes (n°10). Le géant Atlas supporte le poids du monde à bicyclette (n°8). La princesse d'Etolie Léda, que Jupiter vint séduire en prenant la forme d'un cygne, et la déesse de la beauté Vénus servent la promotion de savons et parfums à l'usage du beau sexe (n°11 et 12).

Certaines références frisent le mauvais goût, comme cette Iphigénie en « *Bolide* », évoquant pour une marque d'automobiles le titre de la la tragédie de Racine : « Iphigénie en Aulide » (n°9), ou ces cycles « *Mentor* », du nom du précepteur de Télémaque, le fils d'Ulysse dans l'Odyssée.

Plus encore que les héros mythologiques, les personnages de l'ancien et du nouveau testament, les saints, les anges et Satan servent de faire valoir au commerce. Les vitraux et les sculptures des églises et des cathédrales, les images d'Epinal diffusées dans les villages les plus reculés par les colporteurs et les connaissances religieuses largement répandues permettent à chacun de reconnaître sans hésitation Dieu le père, Adam et Eve, la Vierge Marie, l'enfant Jésus et les saints du paradis, sujets fréquents d'un culte populaire prononcé. Au dix-neuvième siècle, les négociants choisissent très souvent pour enseigne l'un d'entre eux, ce qui donne à leur commerce une caution morale du meilleur aloi. Les œuvres de l'imprimeur Jean-Alexis Rouchon, dont la production s'échelonne de 1845 à 1870, est un bon exemple de cette tendance. Avec un procédé proche de celui qu'on utilisait pour les papiers peints, il reproduit en couleurs presque grandeur nature, les figures des saints patrons. On trouve alors comme enseignes célèbres : « *A Sainte-Marie* », magasin des Batignolles (n°21), « *Au Bon Pasteur* », vêtements pour hommes rue Neuve des Petits-Champs ; « *A Saint-Augustin* », magasin de nouveautés ; « *Au Grand Saint-Laurent* », rue de Flandre à la Villette ; « *A Saint-Vincent de Paul* », rue Talleyrand à Reims, et « *Au Grand Saint-Louis* », nouveautés, rue des Filles du Calvaire à Paris.

Un peu plus tard, vers 1880, les magasins « *Au Moine Saint-Martin* », rue Turbigo et « *Au Petit Saint-Thomas* » rue du Bac, sont parmi les premiers grands magasins de la capitale. Il est à noter que très vite les affiches de ces deux dernières maisons ne reproduiront plus la figure du saint patron et que seul le nom du magasin subsistera. Phénomène analogue à celui du « *Saint-Raphaël* », qui évoque l'apéritif rouge et blanc dans l'esprit du consommateur contemporain, et non plus l'archange extermi-nateur représenté sur les premières étiquettes.

Les vignettes qui recouvrent les boîtes de bobines de fil à la fin du dix-neuvième siècle sont souvent de petits chefs-d'œuvre. Imprimées très finement en chromolithographie, parfois rehaussée d'or, des dizaines d'entre elles représentent des figures historiques comme Vercingétorix, Charlema-gne, Louis XIV, Jeanne d'Arc ou Duguay-Trouin, ou bien des personnages religieux comme la Vierge Marie, le Bon Pasteur, les Trois Archanges ou Saint-Nicolas (n°25). Sur ces étiquettes, la marque du fil est très souvent indiquée uniquement par des initiales, aucun lien direct n'étant perceptible entre le produit et le personnage représenté. Bien qu'ils soient un peu passés de mode au vingtième siècle, quelques saints bien sympathiques servent encore de support publicitaire, comme le Saint-Luc d'André Roland (n°26), roi de la biscotte diététique ou le Saint-Yorre d'Alain Gauthier (n°23) à l'auréole en forme de capsule d'eau minérale.

La Genèse n'est pas oubliée par les professionnels de la réclame : Dieu le père, assis sur son nuage, est utilisé de manière inattendue pour recommander l'usage de l'huile de foie de morue (n°13), ou l'emploi des pompes à eau (n°17). A cause de son attirance irrésistible pour la pomme, Eve est devenue l'héroïne obligée des affiches pour le cidre qui s'appellera « *Eva* » ou encore « *Cidre du fruit défendu* » (n°14 et 15). Chassée du paradis terrestre avec Adam, la mère des hommes ne pourra survivre que grâce aux sous-vêtements « *Lilaine* » (n°16).

Après le roi David qui chante sur sa harpe les louanges du fil à coudre (n°19), le Christ lui-même orne les étiquettes des laines du « *Bon Pasteur* » et sanctifie le vin italien « *Lacrima Cristi* ». En 1983, la marque de pantalons « *Jeans Jésus* » publie deux affiches audacieuses. Sur les formes rebondies d'une jeune femme photographiées en gros plan, on peut lire : « Dans deux mille ans on parlera encore de Jésus...Jésus Jeans », puis « Qui m'aime me suive ». Dans le même esprit, la réclame d'un journal spécialisé destiné aux amateurs de canoë, montre le Christ marchant sur les eaux du lac de Tibériade (n°22). Un commentaire impertinent vient perturber cette image pleine de piété : « Certains illuminés préfèrent la marche à pied au canoë-kayak, c'est à peine croyable ».

Si les anges et les saints font des apparitions fréquentes dans la publicité, les diables, eux, pullu-lent, apportant la preuve qu'un vice sympathique est plus séduisant que l'austère vertu ! Générale-ment de couleur rouge, ailés, poilus, cornus, barbichus, l'œil pétillant, les diables publicitaires sont beaucoup moins effrayants que ceux qu'on rencontre dans la peinture et la sculpture de la fin du Moyen-Age et de la Renaissance. Ils font la promotion d'apéritifs (n°30 et 34), de bicyclettes (n°38), animent le carnaval munichois (n°35) et pratiquent les prix d'été chez les marchands de charbon (n°37). Sur une affiche de Rouchon datée 1859, le diable vend des vêtements et promet de donner pour rien « un habillement complet à qui prouvera qu'un seul des articles de la maison du « *Bon Diable* » se vend meilleur marché ailleurs ». Repris cent vingt ans plus tard par une chaîne de magasins, l'argu-ment est toujours d'actualité. Sous l'influence du Faust de Goethe, le diable s'habille et se civilise en prenant l'apparence de Méphistophélès. En pourpoint ajusté et cape de velours, élégantes poulai-nes et manches à crevés, il recommande d'une voix insinuante des liqueurs (n°31 et 32) ou des usten-siles culinaires (n°33).

Le personnage du Père Noël, importé des Etats-Unis, ne s'est guère répandu en France avant les années vingt. Il anime essentiellement les publicités saisonnières, distribue des catalogues de jouets et de cadeaux, fait l'article pour les porte-plumes *Waterman*, propose de riches victuailles, telles les dindes du « *Père Dodu* », ou promet la fortune à qui souscrit à « la tranche spéciale de fin d'année de la loterie nationale (n°39) ».

Marianne , symbole de la République française, est née d'une délibération de la Convention natio-nale qui décida en 1792 que le sceau du nouveau régime serait une image de femme représentant la déesse Liberté. Toujours coiffée d'un bonnet phrygien, elle apparaît très tôt dans la caricature où elle se fait très souvent berner par les hommes politiques. Dès la fin du dix-neuvième siècle, elle est utilisée par la publicité. Elle apporte aux documents où elle figure une certaine solennité. Décorant volontiers les publications à caractère officiel, les annonces d'emprunts, les affiches de journaux et de tourisme (n°48), elle se fourvoie cependant quelquefois dans les produits manufacturés, cycles (n°116), ou machines agricoles (n°44), et, donne aussi dans l'art de la couleur (n°43 et n°46), en agi-tant le drapeau tricolore.

La course du temps

1   La fin du XIX° et la première partie du XX° siècle voient naître l'automobile et les compétitions qui illustrent son essor. Qui peut mieux symboliser l'entrée dans le siècle de la vitesse que le personnage du « Temps » dont le sablier et la faux scandent le destin des hommes ? Les attributs du vieillard sans âge préfigurent la frénésie de records qui vont accompagner ce développement et l'hécatombe qui en résultera. La course Bruxelles-Spa toutefois, organisée en 1898, n'entraînera pas de victimes comme le Paris-Madrid de 1903 ; elle sera gagnée, il est vrai, à la vitesse moyenne de vingt-six kilomètres à l'heure. Moins de cinq ans plus tard, les bolides rouleront à plus de 130 km à l'heure.

1

3

2   Depuis toujours, l'homme ne cherche-t-il pas -en vain- à maîtriser le temps ? Grâce aux arguments publicitaires, il y parvient aisément. Les progrès de l'industrie horlogère de Besançon sont tels que les montres « Haldy » règlent désormais la marche du soleil.

3   Le temps ne parvient plus à imposer sa loi aux réfrigérateurs de la « Général Electric », qui peuvent fonctionner « 40 billions d'heures ».

4   Le Temps perd même sa faux et son sablier dans son effort pour saisir le chronomètre « Perfecta », qui dépasse en précision la mécanique céleste.

4

5

5 Le « Vin Bravais », -dont Hercule est supposé faire un usage régulier pour pouvoir réaliser ses douze travaux, et tuer l'invulnérable lion de Némée-, apporte tout à la fois la force, la santé, la vigueur et la beauté.

6 Le plus souvent, les hommes cherchent à percer le secret des dieux et des héros et à acquérir, par toutes sortes d'artifices, le courage, le dynamisme ou la sagesse qu'incarnent ces hôtes de l'Olympe. Mais attention, la réussite de telles opérations exige de l'humble mortel soumission et persévérance. Le dieu de la médecine, Esculape, dans une attitude de jugement dernier, n'y va pas par quatre chemins. Avec la consommation de « l'Aliment complet », c'est ni plus ni moins l'enfer ou le paradis qu'il promet aux parents, enfants, bourgeois, ouvriers, jeunes mariés, vieillards, malades, écrivains et belles-mères ! Pour mieux se faire comprendre, il donne sa consultation en images.

7 Sans doute inspiré par la déesse Athéna, « Mentor a choisi pour son élève Télémaque la meilleure machine du monde à laquelle il donne son nom ». Le fils d'Ulysse, Homère l'affirme, a bien profité des leçons de son maître.

8 Grâce aux cycles « Favor », dont la solidité est à toute épreuve, Atlas supportera allègrement le poids du monde. D'autant plus que la fameuse bicyclette est équipée de pneus « Dunlop », de freins « Touriste » et de la chaîne « Brampton ».

6

7

8

Beautés divines

9   Les automobiles « Bolide » empruntent à la mythologie un personnage de princesse -Iphigénie- et à Racine le titre d'une tragédie inspirée d'Euripide, -« Iphigénie en Aulide »- écrite en 1674, pour faire un calembour osé : « Iphigénie en Bolide », sans se préoccuper le moins du monde du rôle exact donné dans cette pièce à la fille du roi Agamemnon et de Clytemnestre, qui accepte héroïquement d'être sacrifiée à la déesse Artémis pour rendre les vents favorables à l'armée grecque.

10   Mercure, assimilé à l'Hermès grec, a de nombreuses attributions : il est le dieu du mensonge et des vols, des orateurs et des commerçants, l'inventeur des instruments de musique et des poids et mesures. Garant de la santé, il porte un caducée. Grâce à son habileté et à l'efficacité des ailes de son casque et de ses chevilles, il est devenu le messager des dieux. « Interflora » en a fait « le Messager des fleurs ».

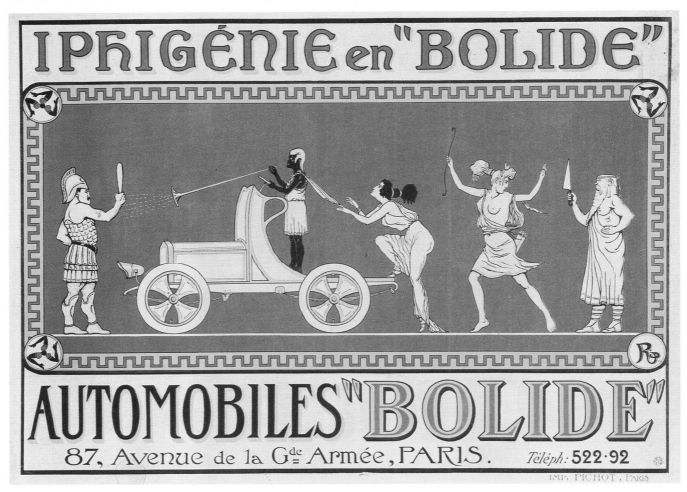

9

10

12

11 Vénus, assimilée à Aphrodite, déesse de l'amour et de la fécondité, symbolise la sensualité et la beauté féminine. Le savon qui porte son nom conservera leur féminité à celles qui l'utiliseront dans leurs travaux ménagers, car il « évite de frotter ».

12 Comme Léda, cette ravissante princesse grecque, qui s'est laissée séduire par Zeus, métamorphosé en cygne, les femmes pourront-elles résister à l'attrait du double extrait d'eau de Cologne du parfumeur Dunant ?

Dieu l'ordonne !

13   Pour faire avaler aux petits enfants de France du début du siècle les écœurantes cuillères à soupe remplies d'huile-de-foie-de-morue-pleine-de-bonnes-vitamines, il fallait que la marque apportât une aide décisive aux parents dans cette rude tâche éducative : « Prenez-en, Dieu l'ordonne ! ». Dans sa composition, Quinsac s'est manifestement inspiré du Moïse de Michel-Ange.

13

14 à 16 Dieu, il est vrai, n'avait guère eu de satisfaction avec la mère des hommes, car non seulement Eve lui avait désobéi, en succombant avec délectation à l'attrait du fruit défendu, mais elle avait associé à son péché Adam et toute sa descendance. Cette pomme de discorde allait être, de toute évidence, à l'origine de la première boisson alcoolisée. Quand Dieu les eut chassés du paradis terrestre, Adam et Eve virent qu'ils étaient nus. « Ils cousirent, selon la Bible, des feuilles de figuier et se firent des pagnes ». Ah ! s'ils avaient alors connu les flanelles « Lilaine Securitas », ils nous auraient légué une bien meilleure santé !

17 Décidément, Dieu n'est pas content de sa création. Grâce aux pompes « Deville », il va pouvoir organiser un déluge de première grandeur pour faire place nette. Rassurons-nous toutefois : « K Noé » cuve tranquillement son vin dans son arche, sous l'œil attendri d'une guenon.

15

16

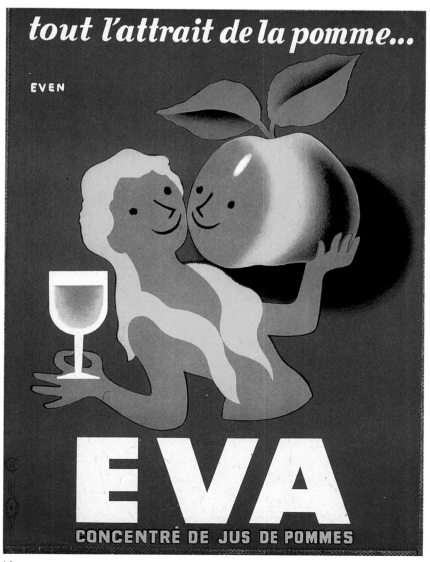

14

17

De l'ancien au nouveau testament

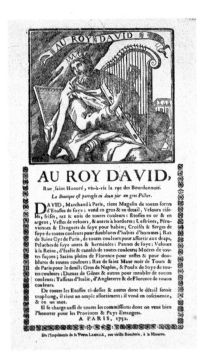

18

18 et 19   En 1752, le marchand qui tient magasin de toutes sortes d'étoffes rue Saint-Honoré, a choisi pour enseigne l'illustre personnage de la Bible dont il porte le nom. David est cet ancien berger, vainqueur du géant Goliath, devenu le symbole du courage et de la ruse contre la force brutale, qui a été élu roi d'Israël à la mort de Saül. Les prophètes en ont fait une figure messianique : le Christ sera ainsi appelé « fils de David ». Se placer sous la houlette d'un tel personnage ne peut attirer au commerçant que la sympathie de sa clientèle et la bénédiction du ciel. Les fils à coudre « V.F » ont également choisi le roi David comme protecteur. Plus d'un siècle sépare ces deux images mais, dans les deux cas, le héros biblique est représenté de façon rituelle, l'air inspiré, en train de jouer de la harpe.

20   La lessive et le savon sec « La Sainte Famille » sont un « don du ciel ». Comment les familles françaises pourraient-elles renoncer à une telle faveur ?

21   Les Magasins de Nouveautés vendent Rouennerie, bonneterie, mercerie, lingerie, lainages et toiles. Le magasin le plus ancien de Batignolles, maison de confiance fondée en 1825, s'est placé, comme Jésus et saint Jean-Baptiste sous la protection de Sainte Marie. Pour composer cette scène, Rouchon s'est directement inspiré d'un tableau de Raphaël.

19

20

A Ste. MARIE.

Grande Rue 38, à Batignolles

MAISON de CONFIANCE FONDÉE en 1825

ROUENNERIE

TOILES

LAINAGES

PRIX-FIXE

BONNETERIE

MERCERIE

LINGERIE

PRIX-FIXE

MAGASINS DE

NOUVEAUTÉS

le Plus Ancien de Batignolles

ROUCHON. Imp. Breveté. Rue Bréda. 21

21

Jésus parmi les siens

22 Le périodique « Canoë mensuel » a mis en scène, avant de sombrer au bout de quelques numéros, un épisode de l'évangile où le Christ marche sur les eaux du lac de Tibériade pour rejoindre ses disciples dans leur barque, mais le commentaire impertinent qui accompagne l'image veut provoquer un effet de surprise sur le public et renouveler l'intérêt pour un sport peu connu.

22

23

23 De nombreuses communes et villes de France portent le nom d'un saint. Celle de Saint-Yorre fait revivre l'image du sien, dont le nom est associé à une source aux vraisemblables vertus miraculeuses.

24 Saint Antoine, cet ermite égyptien, dont on ne connaît que les horribles tentations dont il fut l'heureuse victime, a inspiré bien des artistes. Mais « la tentation suprême », comment aurions-nous pu l'ignorer, c'était le « cycle Dayton », présenté, il est vrai, par une charmante diablesse.

25 Saint Nicolas est un personnage populaire, non seulement pour avoir miraculeusement ressuscité de jeunes garçons mis au saloir, mais pour les cadeaux qu'il apportait en fin d'année aux enfants des pays froids, avant d'être détrôné par le Père Noël. Avec le fil de lin « DAE », grâce à cet évêque légendaire, c'était, pour ceux qui l'utilisaient, la fête toute l'année !

24

26 Saint Luc, qui a deux cordes à son arc, comme évangéliste et comme médecin, a toutes les chances de voir ses recommandations écoutées par les amateurs de biscottes : « Chaque jour, tu mangeras... »

25　　　　　　　　　　26

Le paradis ou l'enfer

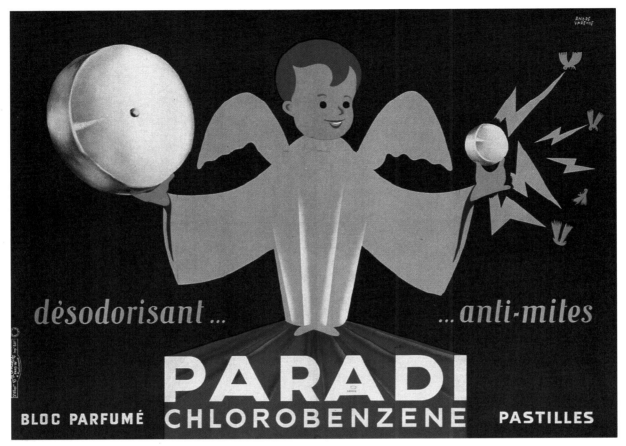

désodorisant ...   ... anti-mites

PARADI
CHLOROBENZENE

BLOC PARFUMÉ   PASTILLES

27

28

27 et 29   Le paradichlorobenzène est initialement un produit chimique utilisé dans la lutte contre les mites et les mauvaises odeurs. Le terme Paradi était trop tentant pour ne pas le transformer en nom de marque et faire surgir à cette occasion un ange bienfaisant. Mais dans notre monde pollué, même les anges ont besoin de « Thomson » pour se blanchir les ailes.

28   Le diable fait une entrée discrète en 1859 dans l'arène publicitaire. Pour rivaliser avec les enseignes édifiantes des saints du paradis, les « Au petit Saint Thomas », « Au grand Saint Augustin » ou « Au Bon Pasteur », il se déclare lui aussi « bon » diable ; et il le prouve immédiatement en lançant, pour la première fois, -suprême tentation pour l'acheteur- le meilleur argument de vente qui soit...et qui fait encore fureur de nos jours : « On donne pour rien un habillement complet à qui prouvera qu'un seul des articles de la Maison du Bon Diable se vend meilleur marché ailleurs. »

30

29

30

30 Avec son apéritif, Martini réconcilie le ciel et l'enfer.

Les séductions de Méphisto

31 à 33 Méphistophélès, que ses intimes appellent cavalièrement Méphisto, est une des figures les plus inquiétantes prises par Satan, notamment quand il veut faire faire de grosses bêtises aux petits Faust de la terre dès lors que leurs Marguerite ont le dos tourné. Pourtant c'est un diable qui sait vivre, qui a de la conversation et beaucoup de relations, qui s'habille décemment contrairement aux autres poilus, cornus et fourchus rencontrés précédemment. Il a toutefois l'incoercible envie de vous acheter votre âme à tout bout de champ, pour peu qu'il vous ait initié à l'alchimie de la cuisson des pommes de terre dans un ustensile de son invention ou vous ait livré les secrets de fabrication des élixirs de longue vie.

34 Avec le « Triple-Sec Fournier », Satan retrouve son vrai visage et vous entraîne dans la fournaise de l'enfer où il continue à faire bon d'avoir soif.

31

32

33

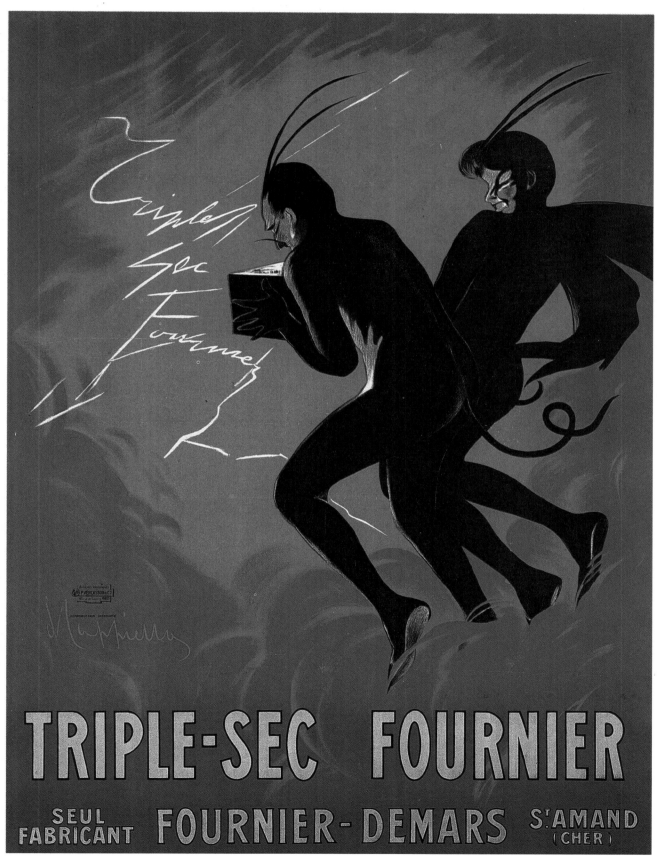

De bons petits diables

35 à 38   La Comtesse de Ségur avait bien raison de penser que tous les démons n'étaient pas méchants. Parmi les bons petits diables, il y a ceux qui sont simplement responsables de vous entraîner à un rythme -endiablé- participer au « Sabbat des Sorcières » ; ceux qui vous chauffent gentiment l'hiver à un prix d'été et ceux qui cracheront avec adresse le feu sous vos casseroles pour peu que dans l'immédiat vous leur lâchiez quelques écus ; et enfin ceux qui procurent une joie d'enfer à vos enfants sur la bicyclette « Lucifer ».

35

36

37

Le Père Noël est bon enfant

39

40

41

39 à 41 Le Père Noël est très demandé en fin d'année. Grâce à la « Loterie nationale », il se promène en hélicoptère-corne-d'abondance et déverse des pièces d'or dans les cheminées des habitations. Mais comme la fortune et la prospérité qu'il promet sont rarement au rendez-vous, c'est surtout du rêve qu'il distribue à pleine hotte aux petits et grands enfants du monde entier.

A l'occasion, le vénérable personnage peut vous proposer avec conviction de merveilleux produits qui feront le régal de vos repas de fête.

42 Faire lâcher quelques sous au plus grand nombre de petits cœurs possibles, c'est aussi le problème du Père Noël mandé spécialement par le « Secours populaire français ». Mais comme il connaît ses ouailles, il surveille son monde du coin de l'œil tout en proférant dans sa barbe un ferme « Souscrivez ! ».

Les caprices de Marianne

43 à 46   Volontiers cocardière, Marianne, comme la « Teinture française », en fait voir de toutes les couleurs à ses amis. Elle a fait de beaux débuts sur la scène internationale en liant connaissance avec des compagnons d'âge mûr et de bonne compagnie, notamment l'oncle Sam pour le côté jardin et les moissons et John Bull pour le côté cour et les joyeux bains de mer de l'Entente cordiale. Mais la pauvre Marianne, troisième du nom, ne pourra pas poursuivre sa brillante carrière au rythme où se succèdent les républiques dans son pays. « Encore une couche », écrira ainsi la quatrième avec l'espoir, vite déçu, d'être la petite dernière.

43

44

45

46

Grandes figures
de l'histoire de France

Depuis très longtemps, les célébrités de l'histoire de France ont été associées à l'activité commerciale et publicitaire du pays. Cette pratique est à l'origine d'un foisonnement de documents, de qualité artistique inégale, réalisés sur une grande variété de supports : affiches, prospectus, buvards, éventails, boîtes décorées, cendriers, cartes postales, emballages divers, cartons publicitaires, tableaux-réclame, annonces dans la presse, chromos, images pour enfants, protège-cahiers, en-têtes de papier à lettres ou de factures et surtout étiquettes pour toutes sortes de produits, notamment pour les fromages et les bouteilles de boissons alcoolisées.

Le document imprimé le plus ancien qui ait été retrouvé remonte à 1735, c'est à dire à peine vingt ans après la mort de Louis XIV. Intitulée « *Au Grand Louis* », cette affichette gravée représentait en médaillon le roi-soleil et annonçait l'existence d'un marchand bonnetier, Mabille, qui tenait boutique rue Dauphine à Paris et vendait bas, gants, bonnets et chaussons fabriqués en Angleterre, en Hollande et en France (n°77). Deux siècles et demi plus tard, le même personnage conserve intact son pouvoir de persuasion aussi bien pour faire l'éloge d'objets de prestige (n°78) que pour assurer la promotion de produits de grande consommation (n°79 et 80).

La première image publicitaire de Napoléon fut, elle aussi, publiée très tôt, en 1834, en pleine monarchie de Juillet, moins de quinze ans après la mort du prisonnier de Sainte-Hélène, prouvant ainsi la rapidité et la vigueur avec lesquelles la légende napoléonienne s'était développée. Pour cette première prestation, l'empereur ornait un flacon d'eau de Cologne dont il faisait, paraît-il, un usage immodéré avant de recevoir ses jeunes conquêtes (n°82). Pour ne pas être en reste avec le pouvoir royal du moment, le parfumeur Dunant, en bon commerçant, allait mettre en vente en même temps des savonnettes portant les effigies du roi Louis-Philippe, de sa femme Marie-Amélie et de leurs huit enfants (n°99).

La personnalité de Napoléon Bonaparte a connu un engouement sans pareil, dont il est impossible de rendre compte complètement. La publicité a retenu du personnage des facettes variées qui occultent en fait le despotisme du souverain et les guerres sanglantes qu'il a menées à travers l'Europe (n°85). C'est le général Bonaparte paré de toutes les vertus républicaines qui sauve la patrie (n°83) ou le petit Caporal, humblement vêtu d'une redingote grise, qui conduit ses soldats à la victoire (n°81 et 84) ; c'est la silhouette impériale, aisément identifiable au bicorne célèbre, qui s'impose dans toute sa majesté (n°86 à 90) ; c'est enfin l'empereur vaincu, accablé par la malchance et l'ingratitude des hommes (n°91 à 94), qui se contente de glisser avec dignité la main dans son vêtement. Après un siècle et demi, -la revue *Lire* en apporte la preuve (n°95)-, le mythe napoléonien est toujours aussi efficace.

Au palmarès des célébrités historico-publicitaires, il serait injuste de ne pas accorder une place d'honneur à Henri IV dont la réputation de monarque généreux et bon vivant court depuis de nombreuses générations et permet de mettre en valeur aussi bien des produits du terroir que de grandes marques nationales (n°64 à 72).

Après les trois premiers de classe déjà cités, figurent en bonne place Vercingétorix (n°47, 49 à 52), Jules César (n°48), Charlemagne et sa petite école (n°53 à 55), Jeanne d'Arc (n°56 à 58), Bayard (n°59 à 61), François 1er (n°62 et 63), Richelieu (n°73), Turenne (n°74), le Masque de fer (n°75) et Jean Bart (n°76). L'énumération des personnages retenus dans cet album ne doit pas faire oublier la cohorte de ceux que la publicité a utilisés pendant plus d'un siècle et qui n'ont pu prendre place dans ces pages pour des raisons diverses : impossibilité de trouver l'illustration originale, mauvais état du document, qualité plastique insuffisante, priorité donnée à l'affiche sur les autres supports et aux personnages les plus représentés. Ont ainsi été éliminées avec regret les images de Saint-Louis, Du Guesclin, Diane de Poitiers, Sully, Colbert, La Fayette, Laennec et Pasteur. Cependant la liste des personnages historiques empruntés par la publicité est sans doute restreinte, les spécialistes préférant choisir pour leurs images des valeurs sûres immédiatement reconnues par le public plutôt que des hommes et femmes illustres oubliés -même injustement- par notre mémoire collective. Une autre question, qui n'est pas le propos de ce livre, consisterait à se demander comment se constitue et s'entretient dans un pays ce grand réservoir de souvenirs historiques dans lequel d'aucuns vont puiser.

Des dessinateurs satiriques, tels Grandjouan et Radiguet dans un numéro célèbre de *L'Assiette au Beurre*, publié en 1910 et intitulé « Les Affiches politiques sont sous vos yeux, il faut savoir les regarder ! », se sont intéressés, avec humour, au contenu idéologique des affiches commerciales. Dans un article virulent, paru deux ans plus tard dans *Les Hommes du jour*, le journaliste Victor Méric allait donner son interprétation personnel du phénomène Napoléon. Il attaquait ainsi la vague de « napoléonite » qui envahissait alors la société française, ses spectacles, sa presse et sa publicité : « ...La noble physionomie napoléonienne apparaît partout », écrivait-il notamment. « Parfumeur, coiffeur, fabricants d'automobiles, marchands de moutarde, c'est à qui mettra Napoléon en boutique. La meilleure pommade, c'est évidemment la marque Napoléon. Le pneu increvable, c'est assurément le pneu impérial. Et avec ça, Monsieur, faut-il vous faire une friction napoléonienne ? ». Pour l'écrivain, la recrudescence de ces réclames était une tentative souterraine de subversion pour remettre en selle le Prince Victor, le prétendant impérial expulsé de France en 1886 par le gouvernement de la Troisième République, qui piaffait en exil, tout comme les prétendants à la couronne de France, d'ailleurs ! L'article était illustré avec une étiquette de boîte de camembert à l'effigie de Napoléon. « Le comble, cependant », ironisait sur ce point Méric, « le merveilleux de la propagande en faveur de Victor, c'est la boîte à fromage. Cette boîte est un symbole. Elle résume toute la manière néo-bonapartiste. Ce couvercle, représentant l'homme de Waterloo avec indication : "Camembert entier, double crème", est prodigieux. Elle a permis de qualifier et de marquer le futur empereur des Français. Après le petit Caporal, après la famille Badinguet, le petit Camembert ; c'est dans l'ordre... »

Cette diatribe illustre à la fois la fausse innocence de certaines pratiques publicitaires et les luttes politiques de la Troisième République, dont certaines affiches commerciales rendront compte. Cet aspect sera abordé dans le prochain chapitre. Même si la propagande, dont le terme est employé plus haut par Victor Méric, ne fait pas partie de l'objet de cet ouvrage, il est intéressant de signaler que les images de Jeanne d'Arc et de Napoléon notamment, seront utilisées par les nazis en France pendant la Seconde Guerre mondiale pour provoquer dans la population des réflexes anti-anglais, tout comme celles du Gaulois et du Chevalier serviront à encourager les jeunes Français à s'enrôler dans la Légion des Volontaires Français.

Cette publicité, à support historique, utilise donc surtout les stéréotypes qui proviennent des grands mythes de l'Histoire, tout en les renforçant, alors que les affiches mettant en scène des personnages politiques présentées dans le chapitre suivant sollicitent davantage l'esprit critique du public.

Nos ancêtres les Gaulois

47   Puisant dans la culture celtique son art de vivre, la société gauloise, faite de peuples rivaux, était divisée en trois classes : le peuple, composé essentiellement d'agriculteurs, les druides et la noblesse guerrière, fière, susceptible, toujours prête à en découdre et ardente au combat. Vercingétorix, jeune chef arverne, fédérateur de son peuple, allait devenir, par sa résistance à l'envahisseur romain, l'un des symboles de l'identité nationale. Mais ce sont surtout les qualités de courage et de force physique de nos ancêtres, auxquelles d'ailleurs manque parfois une once de raison, ainsi que leur penchant immodéré une fois l'effort accompli pour la boisson et la bonne chère, qu'a retenus la postérité. Le gaulois est représenté le plus souvent à demi nu, dans une attitude offensive, l'épée au côté ou le glaive brandi. Il se distingue par son ample chevelure blonde et tressée et ses énormes moustaches tombantes. Il porte un casque à ailes, des braies et des bijoux. Un bouclier complète fréquemment sa panoplie de parfait guerrier. De peur que le ciel ne lui tombe sur la tête, il puise son réconfort dans une potion magique.

47

Sous le joug de César

48   Le geste de César, pour recommander la liqueur « Espérantine », évoque bien l'autorité de celui qui allait soumettre les peuples de la Gaule et leur chef. « C'est la vie », commente l'illustre général. Cette vie, toutefois, il ne la laissera pas longtemps à son adversaire : il le fera étrangler dans sa cellule après son propre triomphe à Rome.

49 à 52   Contrairement à d'autres célébrités, Vercingétorix est rarement nommé dans les publicités. Par contre, une référence à la Gaule est souvent associée aux produits visés, tels « l'Elixir gaulois », « le Pneumatique le Gaulois », « le Pétrole de luxe Gallia » ou les cigarettes « Gauloises ». Les produits manufacturés en Auvergne, comme les « Talons Bergougnan » de Clermont-Ferrand, utilisent fréquemment l'image de Vercingétorix, pour commémorer sans doute l'unique victoire de ses troupes à Gergovie contre les légions romaines. La marque « C.A. » rendra hommage à celui qui aura donné du fil à retordre à César en baptisant son produit « Au Vainqueur de César ».

48

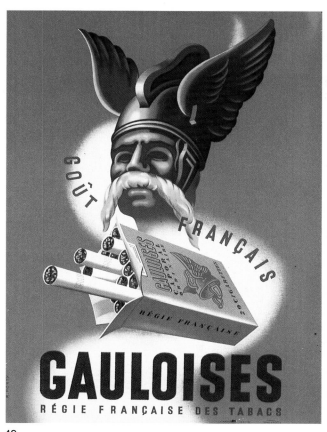

49

50

51

52

A l'école de Charlemagne

53

53 à 55 « - Si je l'avais connu, proclame solennellement Charlemagne en goûtant à l'alcool de menthe de »Ricqlès« , j'en aurais rafraîchi la jeunesse des écoles ». Et sur le champ d'interroger par écrit ses élèves de la section des grands où figurent Louis XI, François 1er, Henri IV, Saint Louis, Louis XIV, Napoléon, et une fringante Marianne, seule fille du lot. La mixité déjà. Pour ne pas perdre le fil de leurs réponses, l'empereur à la barbe fleurie ne dédaigne pas de se faire servir par une gente demoiselle la boisson stimulante que lui a recommandée le petit dernier de la classe. Sacré Charlemagne !

54

Héros de France

56 à 58   *Voilà nos grandes figures nationales, la mine altière, cuirassées de pied en cap, l'épée hors du fourreau, prêtes à toutes les missions impossibles. Vu la solidité à toute épreuve de sa tenue, Jeanne d'Arc va défendre les couleurs et les tissus des magasins de nouveautés qui se présenteront sur son chemin. En homme lige, le commerçant n'aura qu'à déposer son adresse aux pieds de celle qui bouta les Anglais hors de France. Mais si l'occasion se présente, la Pucelle d'Orléans peut également porter l'étendard d'un savon de Marseille ou le fanion d'un « Coulommiers extra ».*

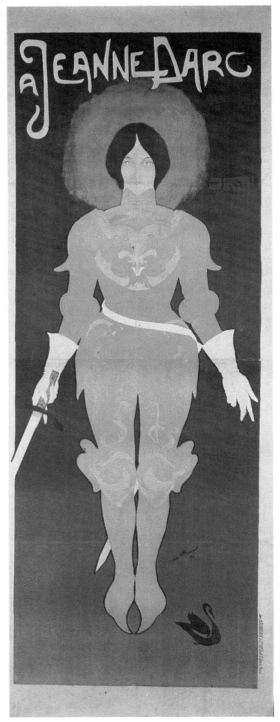

56

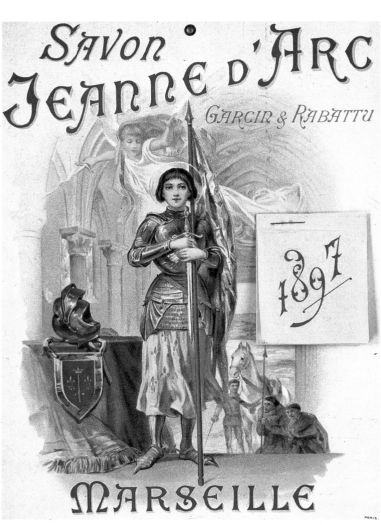

57

58

46

59 à 61   Bayard, le chevalier « sans peur et sans reproche », ne craint aucune concurrence avec son destrier « La Française », équipé du pneu « Diamant ». Il n'est qu'à voir l'hécatombe subie par ses adversaires ! Dans la même attitude, il défend de pied ferme la qualité des vêtements qui portent son nom. Le héros, après avoir pris une part décisive à la victoire de Marignan et perdu la vie quelques années plus tard en couvrant la retraite de son roi, peut être maintenant statufié pour l'édification des générations à venir et la gloire des automobiles « Clément ».

59

60

61

Le vainqueur de Marignan et le petit roi de Navarre

62

63

62 à 64   Gagner une bataille en 1515, la seule date que les écoliers de France et de Navarre, ont pu ou pourront jamais retenir de leurs études, est digne du père « des Arts et des Lettres » et assure à son auteur une postérité indéfectible. Les autres aspects du charme de François 1er ne sont pas pour autant oubliés. M. Galland de Vienne a demandé au roi galant de présenter avec délicatesse son curaçao et les « Bières du Fort-Carré » de Saint-Dizier ont envoyé au monarque une délégation de belles dames qui vont bientôt le rejoindre pour partager les délices de cette boisson déjà prisée par les Gaulois. Mais peut-être François 1er a-t-il le regard tourné vers le petit roi de Navarre, le futur Henri IV, qui caracole sur son cheval blanc pour le « Royal Gaillac », car il a le pressentiment que la gloire de ce petit provincial va éclipser la sienne ?

64

65 à 72 (pages suivantes)   Le cheval blanc d'Henri IV, sur la couleur duquel se sont interrogées bien des générations, le génial slogan religioso-politico-militaire du royal slalomeur, « Ralliez-vous à mon panache blanc », ses conseils de cuisinier en chef du pays sur la façon d'accommoder au pot la poule dominicale, et les deux illustres mamelles de son premier ministre, ont fait de ce béarnais à l'accent rocailleux le plus populaire des rois de France. Sa fin tragique comme le sort terrible réservé à son assassin Ravaillac n'a fait que hisser au zénith la gloire de ce monarque débonnaire, généreux, bon vivant, tellement amoureux des femmes qu'il fut surnommé le « vert-galant ». Un tel palmarès lui permet maintenant de goûter à toute la gamme possible de boissons, et plus précisément à celles du Sud-Ouest de la France, comme l'Armagnac, la bière de Neyrac, le Jurançon et les vins du Béarn. Mais ses performances ne s'arrêtent pas là, il rend le chocolat quotidien obligatoire aux enfants, rassemble derrière son panache les convertis du camembert, transforme sa poule au pot en bouillon-cubes et quitte volontiers sa statue du Pont-Neuf où il s'ennuie pour faire du vélo le long de la Seine.

49

Le bon roi Henri

65

66

67

68

69

70

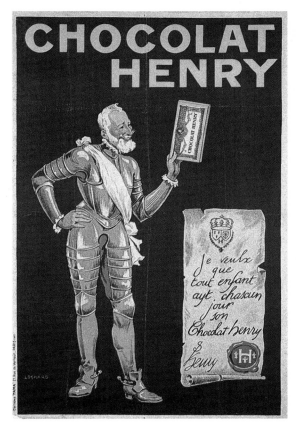

71

72

A l'ombre des rois

73

73   Remarqué par Marie de Médicis, épouse du défunt roi Henri IV et régente de France, le cardinal de Richelieu allait aider le jeune Louis XIII à s'affranchir de l'influence de sa mère et des Grands ligués contre lui. Son action fut considérable dans les domaines politique, administratif, économique et culturel. Cet illustre homme d'Etat, fondateur de l'Académie française fit également construire le Palais-Cardinal, qui allait devenir après sa mort le Palais-Royal. La rue qui jouxte ce monument garde toutefois le souvenir de son nom. De grands tailleurs s'y installèrent à la fin du XIXe siècle, notamment la « Maison Richelieu », au n°106 et « High Life Tailor », au n° 112.

74   De nombreux magasins de nouveautés et de confection avaient pignon sur rue entre l'actuelle place de la République et la rue du Louvre. Pour la maison « Au Grand Turenne », sise à l'angle du boulevard du Temple et de la rue Charlot, la proximité de la rue de Turenne, du nom de cet illustre maréchal de France qui combattit puis servit Louis XIV jusqu'à la mort, dut être déterminant dans le choix de cette enseigne.

75   La décision de baptiser « Au Masque de fer » un magasin de confection pour hommes et de nouveautés pour dames, vendant notamment des châles et soieries pour mariage, est plus mystérieuse, comme ce prisonnier d'Etat qui vécut à la Bastille avec le visage entièrement dissimulé sous un masque bardé de fer et mourut en 1703 sans jamais avoir été identifié.

74

75

76 *Jean Bart, l'illustre corsaire au service de Louis XIV, connu pour ses abordages contre les navires hollandais et anglais, devait à coup sûr ses multiples succès à ses bottes imperméabilisées grâce au seul cirage qui ne craignît pas l'eau.*

76

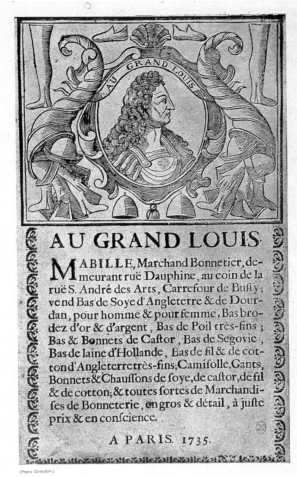

77

78

79

77 à 80   En 1735, à peine vingt ans après la mort de Louis XIV, dont le règne avait duré la bagatelle de soixante douze années (merci, « Banania »), un magasin de vêtements prenait pour enseigne « Au grand Louis », reprenant le titre de « grand » que lui avait décerné la ville de Paris quand le monarque était au sommet de sa gloire. C'était une des premières fois que l'image d'un aussi haut personnage était utilisée à des fins publicitaires. Une politique de grandeur et de conquêtes, l'exercice d'un pouvoir absolu de droit divin entraînant un véritable culte au Roi-Soleil, des réalisations grandioses comme le Château de Versailles, une vie artistique et littéraire de haute qualité ont fait de ce monarque placé au-dessus du commun des mortels le personnage le plus apte à représenter les produits de luxe. Mais les petites phrases qui émaillèrent ce long règne, comme « L'Etat, c'est moi » ou « L'exactitude est la politesse des rois » ont donné lieu à calembour, tel « L'Eclat, c'est moi » des bijoux « Murat » ou à d'habiles paraphrases comme « Je m'excuse, c'est l'heure de ma Suze ».

L'INIMITABLE.

Le petit Caporal

81

82

81 à 85   Napoléon Bonaparte est sans contestation possible le personnage le plus populaire des grandes figures historiques nationales. Appelé familièrement le « Petit caporal », l'empereur revêtait souvent une modeste redingote grise et discutait volontiers avec ses grognards. Autant de traits pittoresques dont allaient s'inspirer des générations d'annonceurs pour leurs enseignes et leurs produits, parfums, boissons, fromages, cigarettes et cigares, renforçant à leur tour la légende napoléonienne, comme ce magasin de vêtements qui rappelait dans son argumentaire l'anecdote de la sentinelle intraitable pour vanter l'efficacité de la fermeture de ses poches de redingote : « On ne passe pas ! » Souvent le simple portrait de l'empereur - facilement identifiable avec son bicorne, son gilet blanc, sa veste à épaulettes ou son col de redingote- paraissait suffisant pour une annonce, telle l'effigie choisie dès 1834 par le parfumeur Dunant, peu de temps après la mort de Napoléon, en pleine monarchie de Juillet, pour étiqueter son extrait d'eau de Cologne. Le souvenir du général républicain de l'armée d'Italie et les déclarations du tribun de l'expédition d'Egypte restaient suffisamment vivaces pour inspirer un journal « démocratique » ou le papier à cigarettes « Le Nil ». Les impressionnants succès sportifs de Lucien Petit-Breton sur les Cycles Peugeot en 1908 allaient toutefois éclipser les victoires remportées en dix années par le Petit Caporal !

83

84

85

Les cognacs de l'Empereur

86 à 90 Entre les cognacs et Napoléon, c'est une longue histoire d'amour, dont la renommée dépasse aujourd'hui nos frontières. Pas besoin de discours, une ombre seule suffit.

86

87

88

89

90

Le geste de la légende

*91 à 95   La retraite de Russie a laissé des traces profondes dans la mémoire populaire et cet épisode de la légende napoléonienne est utilisé pour vanter les mérites du réfrigérateur Far, du réglisse Florent ou du bon feu réparateur que peuvent procurer les « Bois et Charbons de J.Sanchez ». L'habitude légendaire de l'empereur de glisser la main dans son gilet sera également immortalisée par les réclames de produits pharmaceutiques et plus récemment pour la promotion de la revue **Lire** par Bernard Pivot.*

91

92

REGLISSE FLORENT

93

Il
en eut
pris

FORMOCARBINE
INFECTIONS GASTRO-INTESTINALES

94

Plus on lit LIRE plus on a envie de lire autre chose.

95

Luttes fratricides

96   La « Saponite », qui rassemble ici Napoléon, Louis-Philippe et Marianne, existe en plusieurs versions. La plus ancienne, proposant comme texte : « Avec quoi allons-nous laver notre linge sale ? », évoque les luttes fratricides qui vont opposer bonapartistes, royalistes et républicains pendant la fin du XIXe siècle. De robuste constitution, Marianne résistera au lavage.

96

Personnalités
de la vie politique

L'utilisation des célébrités du monde politique dans l'affiche est une des originalités de l'art publicitaire de la Troisième République, même si cette production reste limitée et peu connue. Le régime républicain et la publicité prennent en effet leur essor conjointement, à la fin des années 1880. La guerre des prétendants bonapartistes et royalistes était terminée, les communards amnistiés, la liberté de la presse acquise et l'enseignement primaire rendu gratuit, laïque et obligatoire. Par ailleurs les techniques de la chromolithographie étaient maîtrisées, grâce à des artistes comme Jules Chéret et de remarquables imprimeurs. Le régime démocratique apportait en quelque sorte ses lettres de noblesse à une activité qui aurait pu n'être considérée que comme mercantile et triviale ; la publicité contribuait, elle, à donner de la vie politique et de ses aléas une image humoristique et populaire permettant de rapprocher les citoyens de ceux qui détenaient en leur nom le pouvoir. Toute cette production était dominée par un esprit bon enfant, dont n'était pas absent le regard critique sur les événements et les hommes.

Cette expression publicitaire républicaine avait été précédée, il faut le reconnaître, par quelques modestes signes apparus sous d'autres régimes politiques. Dès 1834, en pleine monarchie de Juillet, les savons du parfumeur Dunant arboraient sur leurs étiquettes les portraits coloriés du roi de France Louis-Philippe et de ses proches (n°99) ; en 1856, au début du Second Empire, un magasin de vêtements parisien utilisait comme enseigne les plénipotentiaires du Congrès de Paris qui allait mettre fin à la guerre de Crimée (n°97). Certes, c'était là, semble-t-il, la première traduction publicitaire d'un événement international mais qui restait très proche de l'illustration traditionnelle, sans allusion satirique, ni trace d'humour.

La publication, en 1888, d'un charmant prospectus annonçant la liquidation de vêtements d'un magasin parisien marque le véritable début de la publicité politico-humoristique française (n°100). Deux présidents de la République encadrent symboliquement les personnages de cette première composition, Sadi Carnot, qui sera assassiné quelques années plus tard pour avoir refusé la grâce de l'anarchiste Auguste Vaillant et Jules Grévy, qui a dû démissionner au début de son second mandat pour faire cesser l'agitation populaire déclenchée par le trafic des décorations dont Daniel Wilson, son propre gendre, était l'instigateur. Deux présidents du Conseil, des députés et un ministre accompagnent ces deux dignitaires. Mais la présence d'un acteur renommé, du journaliste Rochefort, vieil opposant du Second Empire, communard condamné et évadé, devenu nationaliste sur le tard, de Paul de Cassagnac, un bonapartiste incorrigible, de Louise Michel, la Vierge rouge de la Commune, toujours aussi militante depuis son retour de Nouvelle Calédonie où elle avait été déportée et enfin du général Boulanger au sommet de son inquiétante popularité et à la veille de connaître lui-même l'exil, contribue à mettre immédiatement en scène les turbulences de la Troisième République. Chatouillant avec une rare astuce commerciale le jeune virus de l'antiparlementarisme déjà prêt à enfiévrer les relations politiques, l'annonce, devant un tel tableau, ne peut que recommander...la liquidation.

Tous les présidents de la Troisième République, du vieux Mac-Mahon (n°104) à Albert Lebrun (n°158), à l'exception d'Adolphe Thiers, démissionné en 1873, et de Paul Doumer, assassiné en 1932, vont ainsi apparaître les uns après les autres sur les murs de France pour promouvoir les produits les plus variés : cycles, automobiles, pneumatiques, apéritifs, médicaments, aspirateurs, filtres à eau, vêtements, appareils photographiques, phonographes, cinématographes, spectacles variés et journaux satiriques, dans lesquels d'ailleurs ils sont régulièrement brocardés. On trouvera successivement, après Sadi-Carnot (n°101 et 102), Casimir-Périer (105), Félix Faure (103 et 105), Emile Loubet (n°106, 107, 112, 113, 115, 121, 136, 150), Armand Fallières (n°117, 119, 126, 131, 137, 138, 140, 142, 144 à 147, 149, 151), Raymond Poincaré (n°120, 141, 156) et en dehors de leur mandat présidentiel, Gaston Doumergue (n°157), Paul Deschanel (n°172) et Millerand (n°213). D'autres personnalités politiques, qui ont souvent exercé des responsabilités ministérielles importantes ou la Présidence du Conseil, reviennent régulièrement dans ces images, tels Georges Clémenceau, Aristide Briand, Henri Brisson, Joseph Caillaux, Charles de Freycinet et Jean Jaurès. Henri Rochefort, reconnaissable à son toupet de cheveux blancs, personnage rendu populaire pour avoir fustigé aussi bien l'Empire que la République, sera également l'un des héros de ces festivités publicitaires.

Les affichistes, qui semblent avoir alors une grande liberté de création, ne se bornent pas à représenter les personnages en vue ; ils empruntent également, à l'actualité, des événements de la vie politique française et évoquent certaines de ces fameuses « affaires » dont est toujours friand le bon citoyen. Mais ce sont souvent des allusions discrètes qu'un observateur actuel ne peut comprendre sans décodage préalable. Comment percevoir, par exemple, la transformation, dans l'affiche des « Cycles Vincent », de Sadi Carnot en un personnage anonyme si l'on ignore l'assassinat dont a été victime le président de la République quelques mois plus tôt ? Sont ainsi évoqués le scandale des décorations, la guerre des prétendants (n°96 et 102), les attentats anarchistes (n°101), la crise boulangiste (n°100 et 114), la montée du nationalisme au moment de l'affaire Dreyfus (n°116 et 136), des épisodes de la colonisation africaine (n°108, n°109 et 130), la querelle religieuse qui va aboutir à la loi de séparation de l'Eglise et de l'Etat, entraîner la guerre scolaire et provoquer la rupture des relations diplomatiques entre la France et le Vatican (n°121, 124 et 131) et enfin la profonde crise du système parlementaire qui conduira le pays au bord de la guerre civile pendant l'entre-deux-guerres, quand éclatera l'affaire Stavisky (n°156, 157 et 158).

Les événements internationaux sont également abordés dans cette production. La fin du XIXe et le début du XXe siècles sont marqués par une intense activité diplomatique. Les chefs d'Etats font de fréquents voyages officiels à l'étranger. Les grandes expositions universelles de 1889 et de 1900 favorisent également les échanges. En octobre 1896, la visite en France de Nicolas II, l'empereur de Russie, célébrée en grande pompe, scelle l'alliance militaire entre les deux pays. Félix Faure sera reçu l'année suivante en Russie, inaugurant ainsi le premier voyage officiel d'un président à l'étranger. Loubet en 1902 et Poincaré en 1913 se rendront à leur tour dans ce pays dont les emprunts absorbent une partie des capitaux français mais dont l'alliance est considérée comme indispensable pour contenir les appétits de conquête de l'Allemagne. Ces échanges fréquents entre les deux nations entraîneront d'ailleurs le lancement d'une avalanche de produits et d'objets commémoratifs franco-russes, dont on retrouve la présence marquante dans la publicité.

A partir de 1898, la France reçoit régulièrement d'autres souverains étrangers, notamment le roi des Belges Léopold II ; en 1900, le shah de Perse Mozzafer-ed-Dine et le président du Transvaal Paul Krüger ; en 1903, le roi d'Angleterre Edouard VII et le roi d'Italie Victor-Emmanuel III, fils d'Umberto 1er assassiné en 1900 ; en 1904, le bey de Tunis et le roi du Portugal Carlos 1er ; en 1905, le roi d'Espagne Alphonse XIII qui échappera de justesse à un attentat ; en 1909, de nouveau, le tsar Nicolas II ; en 1911, les rois de Grèce, de Serbie et Albert 1er de Belgique ; en 1912, la reine Wilhelmine des Pays-Bas, et le bey de Tunis...

Loubet se rend en Espagne et au Portugal ; Fallières, en Angleterre, au Danemark, en Hollande, en Suède, en Norvège, en Suisse, en Tunisie et en Belgique. Poincaré, élu en 1913, verra pendant l'été suivant son voyage en Russie et dans les pays scandinaves interrompu par la déclaration de guerre de l'Autriche à la Serbie.

Cette activité diplomatique tient une place importante dans les magazines et les revues satiriques de l'époque ; les portraits des souverains et de leurs épouses font régulièrement la une des journaux ; sont largement publiées les illustrations des réceptions données en leur honneur. Toutefois, ni Guillaume II, empereur d'Allemagne, ni François-Joseph 1er, empereur d'Autriche et roi de Hongrie ne font partie de ces festivités. L'un comme l'autre sauront, le moment venu, ne pas se faire oublier. Le premier, à deux occasions, en 1905 à Tanger, et à 1911 à Agadir, pour contester les droits particuliers de la France sur le Maroc et brandir des menaces de guerre ; et le second, au moment de l'assassinat de l'archiduc François-Ferdinand à Sarajevo en déclenchant par son intransigeance le mécanisme de la Première Guerre mondiale.

Pourtant, pendant près de deux décennies, l'imagerie publicitaire va s'efforcer de rassembler tous ces acteurs de la scène internationale, en regroupant volontairement ceux que la diplomatie officielle tient éloignés. Ces réunions sympathiques, où les Grands de ce monde trinquent, discutent, s'amusent ensemble sous le signe de la réconciliation et de la paix, manifestent sans doute la volonté collective des Français de conjurer les périls à venir ; elles sont en même temps l'occasion d'évoquer les conflits et les drames du moment, tels la guerre des Boërs, (n°110), l'incident de Fachoda (n°108), le massacre de la minorité arménienne par Abdul-Hamid et la guerre d'Ethiopie (n°112), le conflit russo-japonais (n°117, 123, 127), les incidents du Maroc (n°130), le militarisme allemand (n°153 et n°154) et la poudrière des Balkans prête à exploser à la première occasion (n°112 et 122).

La bonhomie de Léopold II et d'Edouard VII, deux amis de la France et des festivités parisiennes (n°132 à 135), les retombées humoristico-publicitaires de l'Entente cordiale (n°138 à 141), ainsi que la vie privée des souverains russes, espagnols et italiens représentés comme de bons pères et de bonnes mères de famille avec leurs enfants en bas âge (n°129 et n° 151), donnent à ce tableau inquiétant une note légère et rassurante. Provisoirement, quand on connaît le sort tragique qui attend quelques années plus tard le tzarévitch et ses sœurs, et l'hécatombe qui va bientôt faucher par millions les sujets de ces paisibles majestés.

Au milieu de tous ces chefs d'Etat, encore inoffensifs, apparaît à deux reprises un curieux personnage, arborant un appendice nasal développé et portant, tel un monarque une couronne dont la partie supérieure ressemble à un pain de sucre d'où s'échappent des oiseaux et un dirigeable. Encouragé par Edouard VII et les effets bénéfiques de la « Menthe-Pastille », il semble s'intéresser à l'Afrique et à la repopulation du Sahara (n°121). Il participe également, monté sur un dromadaire, à la grande manifestation, place de l'Opéra, en faveur de la « Chicorée Arlatte » (n°123). Il s'agit en effet de Jacques Lebaudy, alias Jacques 1er, empereur du Sahara. Ce curieux monarque, héritier richissime d'une famille d'industriels sucriers français devenus constructeurs de dirigeables par vocation, sera le grand oublié des dictionnaires biographiques bien qu'il ait défrayé la chronique des premières années du siècle en voulant conquérir quelques arpents de sable dans le sud marocain avec l'équipage de son yacht. A la suite de la capture d'une partie de ses marins par des Maures, le gouvernement français devra intervenir et envoyer en août 1903 un bateau de guerre pour libérer ses ressortissants. Dépité, Jacques Lebaudy quittera alors son empire saharien, mais sollicitera à plusieurs reprises une réparation du Tribunal de la Haye. Il exigera -en vain- de participer à la Conférence d'Algésiras de 1906 (n°130). Atteint de démence et devenu dangereux, il mourra assassiné par sa propre femme.

Comme ce personnage d'opérette détruit par son rêve mégalomaniaque, tous les chefs d'état, en fonction à la veille de la Première guerre mondiale, vont disparaître de la scène publicitaire. Le ressort de l'humour est brisé et avec lui le plaisir de narguer les Grands de ce monde. La publicité devra chercher ailleurs des valeurs plus crédibles, mais, avouons-le, beaucoup moins surprenantes. Champions sportifs et vedettes de tous horizons prendront aisément le relais !

Pourtant, depuis 1981, quelques signes de reprises de cette ancienne manière se manifestent dans la création publicitaire. En 1982, les sosies de la reine d'Angleterre et du président Reagan sont les premiers à avoir du punch à revendre sur la place de Paris (n°159 et 160). En 1985, à deux reprises, le président Mitterrand va suivre leur exemple en photographiant avec un « Pentax », puis en portant un boubou à la mode d'« Hayat » (n°161). La même année, de Gaulle, furieux d'avoir laissé passer d'aussi belles occasions pendant son long règne, dédicacera à une charmante radio périphérique sa photo de jeune premier, prise en juin 1940 dans un studio londonien, en lui rappelant pour la consoler de son éloignement de la capitale qu'il est bien placé pour savoir que « les radios que les Français écoutent ne sont pas toutes à Paris ». Pour ne pas être en reste, Jacques Chirac, l'année suivante, croqué par Jacques Faizant, fera les soldes, non pas à la « Porte Montmartre » comme le général Boulanger ou Louise Michel un siècle plus tôt, mais dans un prestigieux magasin, sis 62, Faubourg St Honoré. Les bras chargés de paquets-cadeaux, plus ou moins en équilibre, l'impétueux premier ministre déclarera au seuil de l'Elysée à son président bien aimé qui, lui, tient solidement en mains ses emplettes : « Cohabiter en face du 62, mon cher François, c'est fondamental ! » Mais à bien regarder les deux hommes, c'est vraiment à qui arrivera le premier sur le perron de l'Elysée...

Le dessin, la politique et l'humour auraient-ils à nouveau droit de cité dans la création publicitaire de notre époque ?

Potins contemporains

97   Les images remises avec les plaques de chocolat Félix Potin étaient de véritables petites photographies, clairement identifiées, destinées à être collées dans des albums édités à cet effet. A une époque où la diffusion de la photographie était encore limitée, cette distribution fut extrêmement populaire. Ces albums ne sont peut-être pas étrangers à la prolifération d'affiches mettant en scène des personnages en vue : hommes politiques, souverains étrangers et leur famille, artistes, peintres, musiciens, écrivains, sportifs, explorateurs, ingénieurs et médecins. Félix Potin édita un premier album vers 1900 contenant « 500 Célébrités Contemporaines » et un second volume vers 1907 à la gloire de cinq cent dix autres personnages dont on donnait une courte notice biographique.

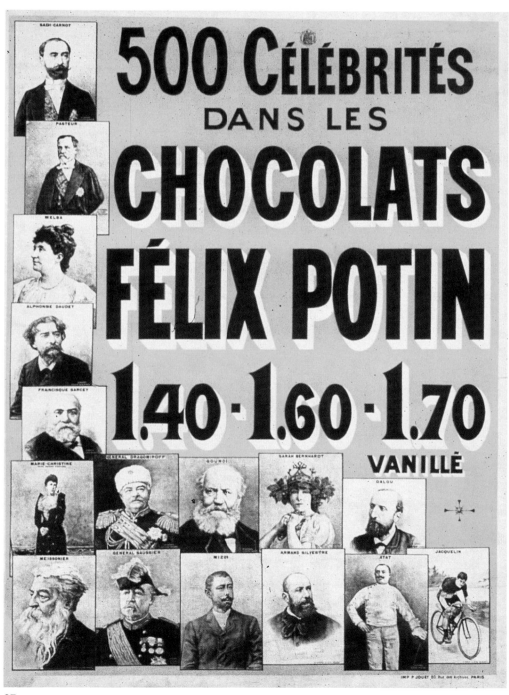

97

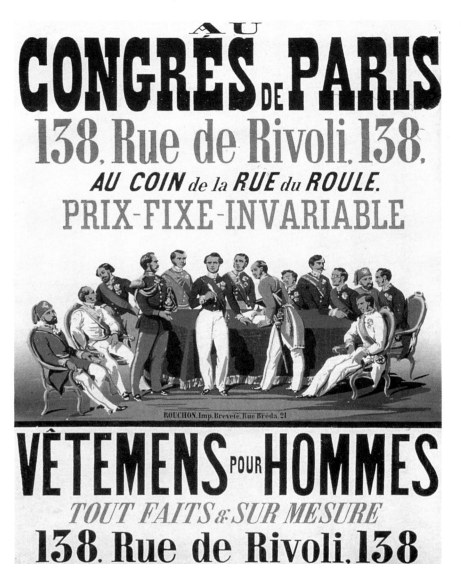

98

99

98   Sous le Second Empire, en 1857, le magasin de vêtements qui avait pris comme enseigne « Au Congrès de Paris », représentait les personnages ayant participé aux négociations de paix, sous la présidence du comte Walewski, fils naturel de Napoléon et de Marie Walewska, ministre des Affaires étrangères (au centre). A chaque extrémité du groupe, on reconnaît, grâce à leur chéchia, Aali-Pacha et Méhemmed-Bey, les représentants de l'Empire ottoman.

99   En 1834 déjà, le parfumeur Dunant avait utilisé sur ses étiquettes de savon l'image du roi de France Louis-Philippe, de sa femme Marie-Amélie et de leurs enfants.

100   En 1887, sous la Troisième République, à la suite du scandale des décorations, le président Grévy est obligé de donner sa démission. L'année suivante, en pleine crise boulangiste, le magasin « A la Porte Montmartre » utilise ces événements en faisant imprimer, pour une « liquidation » de son stock de vêtements, un prospectus où apparaissent des personnalités représentatives de la diversité des opinions politiques dans le pays. On identifie au premier plan, de gauche à droite : le virulent bonapartiste Paul de Cassagnac, le champion de la loi sur le divorce Alfred Naquet, l'égérie de la Commune Louise Michel, l'encombrant Général Boulanger, l'ancien président du Conseil Charles de Freycinet et son successeur Charles Floquet, ainsi que Jules Grévy tout honteux qui se cache à demi ; au second plan, le Président de la République en exercice Sadi Carnot, le ministre de l'Instruction publique Jules Ferry, le tombeur de ministères Georges Clémenceau ; au troisième rang, le journaliste récalcitrant Henri Rochefort et l'acteur Coquelin cadet.

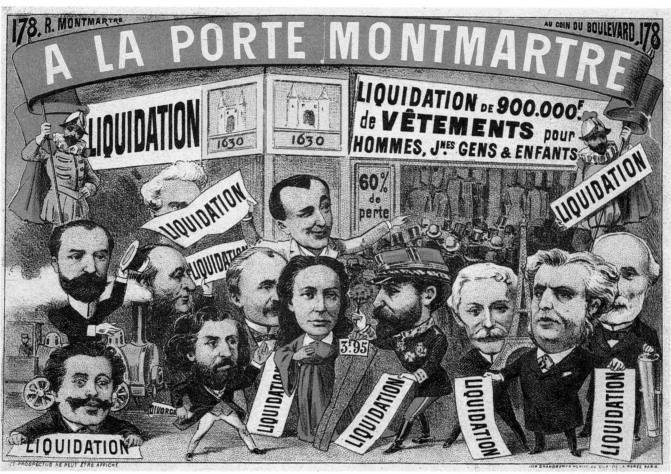

100

Les premiers de la Troisième

101 A

101 A et B   Sadi Carnot, quatrième président de la Troisième République, après Thiers, Mac-Mahon et Jules Grévy, félicite Louis Cottereau, le premier champion de France de vitesse sur bicyclette, qui roule sur un cycle « Vincent ». Après l'assassinat du président, le 24 juin 1894, en pleine période de troubles anarchistes, l'affiche sera transformée de manière à rendre le défunt méconnaissable.

101 B

103   Le Président Félix Faure, qui va mourir en 1899 pendant l'exercice de son mandat et dans les bras de la belle Meg Steinheil, est utilisé ici pour vanter les vertus du Quinquina Monceau, grâce auquel, précise en jouant sur les mots le texte de l'affiche, « vous serez tous forts ». Une version de cette affiche, transformée pour rendre le président méconnaissable, sera diffusée en province.

103

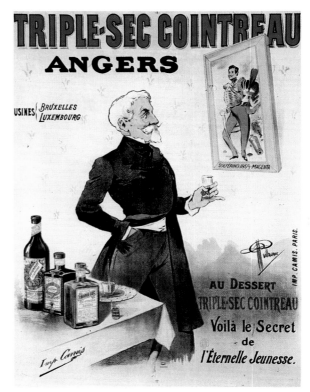

104   Maréchal, vainqueur à Magenta, défait à Sedan, responsable de la répression du mouvement insurrectionnel de la Commune, élu président de la République par une assemblée monarchiste, obligé de « se démettre » pour ne pas « se soumettre » à une Chambre républicaine, héraut de l'Ordre moral, Mac-Mahon n'en coule pas moins une vieillesse heureuse. Qui mieux que ce personnage qui a survécu à tant de péripéties et va gaillardement sur ses quatre-vingt-dix printemps, peut illustrer les vertus de jouvence du Triple-sec Cointreau ?

104

71

Parterres d'élites

105   En octobre 1896, une brillante représentation de gala était organisée à l'Opéra de Paris en l'honneur des souverains de Russie. L'année suivante, pour lancer leur spectacle, Jane May et sa troupe s'approprient le public choisi de cette soirée exceptionnelle. On reconnaît dans la loge d'honneur le jeune Tsar Nicolas II, sa femme Alexandra Féodorovna et le Président en exercice Félix Faure ; dans la loge du dessous, assis, Rochefort, l'ex-président Casimir-Périer (le successeur de Sadi-Carnot à l'Elysée qui a démissionné au bout de six mois), et Clémenceau, debout, Brisson et Méline ; dans la loge supérieure, la Belle Otéro et Waldeck-Rousseau ; au premier balcon, Cléo de Mérode, Léopold II de Belgique et Yvette Guilbert ; au second balcon, le bey de Tunis Sidi-Ali Bey. A l'orchestre, on repère Francisque Sarcey, Coquelin cadet, Polin, Sarah Bernhardt et Emile Zola.

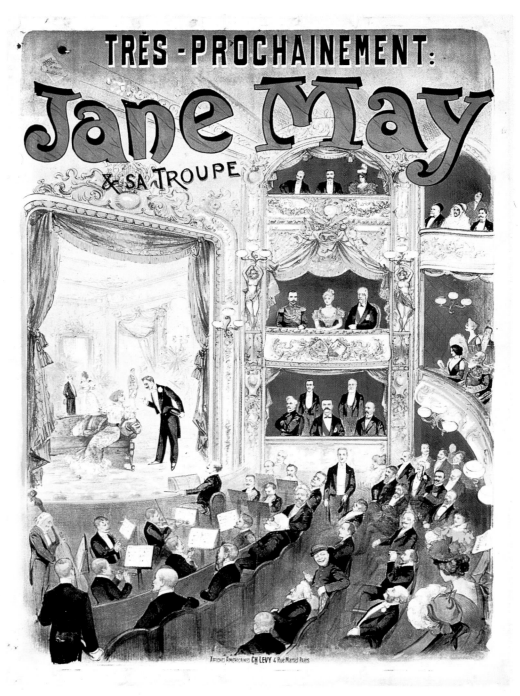

105

106   La « Boîte à Fursy » s'est installée dans le second
local du célèbre cabaret du « Chat noir » lancé à Montmartre en 1881 par Rodolphe Salis. Une pléiade de
célébrités en constitue l'auditoire, notammant Chamberlain, Paul Kruger, Président du Transvaal, Wilhelmine, reine des Pays-Bas, Edouard VII (au premier
rang), Brisson, de Freycinet (au second), le commandant Marchand, Liane de Pougy, Rochefort, Caillaux
et la belle Otéro (au troisième) et Léopold de Belgique (au fond à gauche).

106

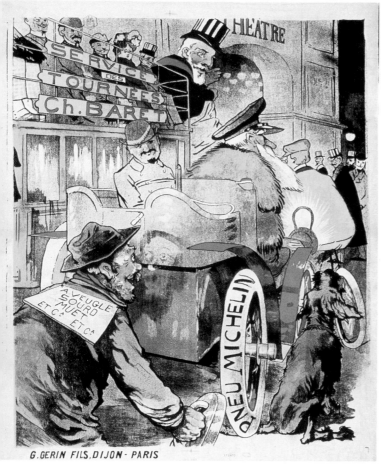

107

107   Le Président Loubet et Léopold de Belgique,
grands habitués des festivités de l'époque, condui-
sent les véhicules de la tournée Baret roulant en
toute sécurité avec des pneumatiques « Michelin ».

Epopée africaine

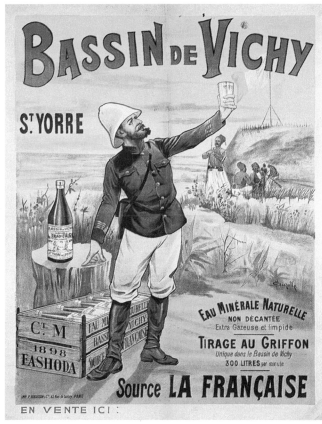

108

108 La colonisation de l'Afrique occupe une place essentielle dans l'histoire de la Troisième République. Le commandant Marchand, dont la mission a traversé le continent africain au prix de souffrances et de privations multiples et qui a dû laisser Fachoda en août 1898 aux mains des troupes anglaises de Kitchener, est devenu un héros national. Il peut à juste titre, après toutes ces épreuves, chanter les mérites de « l'eau minérale naturelle du Bassin de Vichy St-Yorre ».

109 Béhanzin, le dernier roi d'Abomey au Dahomey, dont la garde était assurée par des amazones aux seins nus, lutta de toutes ses forces contre la pénétration française. Vaincu en 1894 par Dodds, il dut s'exiler en Algérie où il mourut. « S'il a pu fuir aussi rapidement d'Abomey », lit-on sur cette affiche, « c'est grâce à une bicyclette de notre maison munie des nouveaux pneumatiques ''Moyse'' enlevée pendant son sommeil à un vélocipédiste militaire par une amazone qui en a fait cadeau à son roi. Ce titre de fournisseur involontaire du roi Béhanzin nous autorise donc à appeler notre bicyclette ''la Dahoméenne''.

110 Autre épisode africain : la guerre du Transvaal qui opposa de 1899 à 1902 les Anglais aux Boërs. Le Président Kruger, président de cette jeune république, fut l'ennemi juré de la reine Victoria en compagnie de laquelle il est souvent représenté. Il lui tend ici hypocritement une boîte de pilules contre la toux. Malgré la sympathie du public français pour la cause de ces colons d'origine néerlandaise, Kruger ne recevra aucune aide du gouvernement et les troupes britanniques seront victorieuses. Cette affiche, dont il existe une version plus politique (la boîte de pilules est remplacée par des balles « Dum-dum »), a été interdite au nom de l'entente franco-anglaise par la préfecture de police.

109

110

Au nom de la paix

111   Les souverains européens sont souvent représentés en train de discuter courtoisement, même si dans les faits les intérêts divergents de leurs pays respectifs les opposent plus ou moins ouvertement. La Reine Victoria, le jeune roi d'Espagne Alphonse XIII, le roi d'Italie Umberto 1er, l'empereur d'Allemagne Guillaume II et la reine Wilhelmine Pays-Bas se préparent ici à consommer « le Quinquina des Princes ».

112   « Maintenant que le Congrès de la Haye pour le désarmement va créer pour le peuple un nouvel âge d'or, peut-on lire en mai 1899 dans une page publicitaire du **Rire**, les souverains pour célébrer cet heureux événement décident de venir tous à Paris féliciter le roi de l'élégance « High Life Tailor » et faire un choix de ses merveilleux complets sur mesure à 69,50 francs en vue de la grande Exposition de 1900. » Devant la devanture du tailleur, on remarque le sultan ottoman Abdul-Hamid apitoyé par une jeune arménienne, Guillaume II fier du costume civil qu'il vient d'acheter, le président des Etats-Unis Mac-Kinley et la régente d'Espagne Marie-Christine traînant derrière elle le petit Alphonse XIII, le président Loubet sous le charme de Wilhelmine des Pays-bas, la reine Victoria semonçant le Prince de Galles, le roi Umberto d'Italie et son farouche adversaire Ménélik II, empereur d'Ethiopie, Léopold de Belgique, François-Joseph d'Autriche et Nicolas II, les rois de Grèce, de Bulgarie et de Serbie, ainsi que Mouzaffer-Ed-Dine, Shah de Perse.

111

112

113   Les Bretelles Guyot rassemblent dans la bonne humeur les mêmes protagonistes : Abdul-Hamid, Léopold II, le président Loubet, François-Joseph 1er, Nicolas II, Guillaume II et Edouard VII.

114   Les chaussures du « Coq d'or » et une passion commune pour le général Boulanger ont apparemment réconcilié l'ancien communard Rochefort (à gauche), l'antisémite Edouard Drumont, directeur de « La Libre Parole » (à droite) et le nationaliste Paul Déroulède (au centre), celui-là même qui tentera dix ans plus tard, le jour des obsèques de Félix Faure, de renverser le régime républicain avec l'aide de l'armée.

113

114

Transports internationaux

115 La « petite reine » occupe une place de choix dans les loisirs et la publicité de la fin du XIXe siècle. La bicyclette « Omnium » présentée par une jolie femme fait l'admiration d'un groupe d'hommes politiques, dans lequel figurent le tsar, le shah de Perse, les rois d'Angleterre et de Belgique, le Kaiser, Chamberlain, de Freycinet, Pelletan et le président Loubet qui a succédé à Félix Faure.

115

116

117

116 Rochefort, le virulent journaliste républicain de la **Lanterne** dont les attaques avaient ébranlé le Second Empire, devenu nationaliste sur ses vieux jours, entraîne sur son tandem « Jussy » une sémillante Marianne ceinturée de tricolore.

117 Grâce aux cycles « Barré », Edouard VII et le Président Fallières, le successeur de Loubet, remettent vigoureusement en selle le tsar de toutes les Russies, dont les armées ont été écrasées par les Japonais en Mandchourie l'année précédente. Guillaume II, apparemment, aurait bien aimé profiter de cet accès de faiblesse.

118 à 120   L'automobile, comme le cycle, devient un produit recherché. Dans ces trois images, on voit les trois présidents de la République qui se sont succédés utiliser des véhicules différents. Dans la première, Loubet, président de 1899 à 1906, est accompagné par Edouard VII, Léopold II, Guillaume II, tandis qu'Alphonse XIII s'efforce de les rattraper. Le pneu antidérapant Durandal de leur voiture est censé favoriser la sécurité sur la route et la conduite des affaires internationales. L'automobile « Pax », occupée par les rois d'Espagne, de Belgique, d'Italie et d'Angleterre, le tsar, l'empereur d'Allemagne et Fallières, président de 1906 à 1913, se dirige à vive allure vers La Haye, où la reine Wilhelmine attend les souverains pour la Conférence de la Paix. Le président Poincaré (1913-1920) abandonne le char de l'Etat pour monter dans une auto Luxior qui s'impose aux « voyageurs de commerce, aux présidents de la République et aux huissiers... » Le ton a changé. A la veille de la Première Guerre mondiale, l'étendard de la paix a disparu.

118

119

120

Le verre de la conciliation

121   Les tensions internationales et les craintes de guerre qu'elles suscitent sont abordées avec humour dans plusieurs affiches par des artistes comme Ogé, Barrère, Edouard Bernard et Auzolle. Avec la « Menthe-Pastille », les différents souverains vont régler plus facilement leurs problèmes. Dans une première affiche datant de 1903, Loubet et Nicolas II discutent « du moyen certain d'avoir un garçon » pendant que Guillaume II verse à boire à l'empereur du Japon Mutsuhito. Le pape Pie X et Victor-Emmanuel III, roi d'Italie, signent leur réconciliation. Edouard VII et Jacques Lebaudy, un illuminé qui s'est couronné lui-même « Jacques 1er, empereur du Sahara », évoquent les colonies d'Afrique. Derrière eux, Léopold contemple amoureusement le portrait de son égérie, Cléo de Mérode, devant le jeune Alphonse XIII installé dans une chaise d'enfant. Quant à l'oncle Sam, il donne à boire à un jeune noir sagement assis sur ses genoux.

122   Quelques années plus tard, en 1913, Ogé reprendra le même thème. Plusieurs figures populaires ont disparu, tels Léopold de Belgique et Edouard VII, remplacé par Georges V. Le Kaiser console Méhmet V, sultan de Turquie, qui vient de se faire battre dans la guerre des Balkans. Le Kronprinz, le fils de Guillaume II, sous l'œil attentif du roi d'Italie, de l'empereur d'Autriche et du tsar, semble jouer avec les petits rois de Serbie, de Grèce et de Bulgarie, comme s'il avait affaire à des marionnettes. Inquiet, le président Poincaré porte un toast dans l'espoir que « le péril soit conjuré ».

121

122

123 Surveillés de près, place de l'Opéra, par le préfet de police Lépine, les souverains sont venus en France acheter de la chicorée « Arlatte ». On reconnaît Edouard VII en costume de voyage, Alphonse XIII, Léopold II, Guillaume II, François-Joseph Ier, Victor-Emmanuel III, Mouzaffer-ed-Dine et « l'empereur du Sahara » juché sur son chameau et coiffé de sa couronne en pain de sucre. Nicolas II -évocation du conflit russo-japonais- a toutes les peines du monde à empêcher le Mikado de lui voler sa provision.

124 La vie politique intérieure française, secouée depuis le début du siècle par la querelle religieuse, semble connaître en 1906, après la démission du petit père Combes, un relatif apaisement. Les adversaires irréductibles d'hier se réconcilient autour d'une « Orangeade Lieutard ». Delcassé trinque avec Jaurès, Combes avec Pelletan, Viviani avec la journaliste Séverine. Clémenceau, le nouveau président du Conseil, discute aimablement avec l'abbé Lemire et Aristide Briand. Brisson savoure en solitaire sa boisson alors que Poincaré semble perdu dans ses pensées.

123

124

Détente et pause café

125 La loi sur le repos hebdomadaire est l'occasion pour le petit peuple parisien, subitement assagi, de se faire servir de la « Fraisette » par des gardiens de la paix empressés, sous l'œil bienveillant du président du Conseil Clémenceau et du préfet de police Lépine.

126 Fallières et Alphonse XIII en bras de chemise, jouent à « l'Oiseau boucle » devant le Kaiser, le tsar, et les rois d'Angleterre et de Belgique. Au pied du président, en savattes, on trouve une bouteille de « Loupillon », le vin de la propriété personnelle de l'homme d'Etat.

125

126

127 L'empereur du Japon Mutsu-hito et le président des Etats-Unis Théodore Roosevelt qui est intervenu pour faire cesser le conflit russo-japonais en 1905, se congratulent en buvant un « Clérikop ».

128 Le député de Guadeloupe Légitimus, le japonais Mutsuhito, la Ville de Paris, Edouard VII et Alphonse XIII tenant dans ses bras le petit prince des Asturies, chantent les louanges du « petit noir » du « Café Biard ».

127

128

Vie de famille

129   Le lait maternisé « Defas », qui entraîne « chaque année en France un million de guérisons » est utilisé avec enthousiasme par les familles régnantes d'Italie et de Russie : Victor-Emmanuel III et sa femme Hélène donnent le biberon à leur petit Umberto. Alexandra nourrit le tsarévitch Alexis, tandis que Nicolas II surveille Anastasia, Tatiana et Marie-Nicolaievna qui dégustent leur bouillie.

129

130   Le Maroc, dès la fin du XIXe siècle, excite la convoitise et la rivalité des grandes puissances qui veulent trouver de nouveaux débouchés aux produits de leurs industries. La Conférence d'Algésiras de 1906, qui reconnaît à la France des droits particuliers sur ce pays, est l'aboutissement heureux de la crise franco-allemande, déclenchée par le violent discours prononcé à Tanger par Guillaume II quelques mois plus tôt. Elle éloigne momentanément le spectre de la guerre. L'ensemble des nations occidentales continuent toutefois à s'intéresser de près au Maroc. Edouard VII, Guillaume II, Marianne et Alphonse XIII essaient ainsi de blanchir le Sultan Abd-Al-Aziz avec du savon de Marseille « la Coquille ». Pendant ce temps, Nicolas II dévore une savonnette, le roi d'Italie, caché sous son casque, sert de porte-savon tandis que l'oncle Sam observe la scène avec attention.

131   La Bi-lessive végétale est l'occasion pour Moloch de mettre en scène Clémenceau, Sarah Bernhardt, le Pape Pie X et l'abbé Lemire, le ministre de la Guerre Etienne, le Président Fallières et Marianne. Chacun de ces personnages a une raison particulière d'utiliser cette lessive, notamment Clémenceau qui peut, du fait du vote de la loi sur le repos hebdomadaire, « faire nettoyer et assainir les locaux industriels ». Pie X et l'abbé Lemire lavent leur linge sale en famille depuis la rupture des relations diplomatiques entre le Vatican et la France. Quant à Sarah Bernhardt, elle peut ainsi faire briller sa croix de Légion d'honneur toute neuve...

130

131

Les rois de cœur

132

132　Sur une place de Bruxelles, Léopold II achète *La Dernière Heure* quelques jours avant la transformation du quotidien.

133　La popularité de Léopold II et d'Edouard VII est si grande en France qu'on les retrouve souvent ensemble dans de nombreuses réclames. Auzolle les transforme tous deux en rois de cœur pour la gloire du cognac « Frapin ».

134　Gus Bofa les croque en noctambules avenue de l'Opéra à Paris en train d'éprouver l'imperméabilité de leurs chaussures caoutchoutées « Au Coq ». Ces deux personnages sympathiques disparaîtront à un an d'intervalle, en 1909 et 1910.

135　En Belgique, d'autres artistes, comme Van Neste pour le cigare royal « Probitas », utilisent l'image du roi à des fins publicitaires.

133

134

135

Les tailleurs de l'Entente cordiale

136

136   Charbonnier a représenté avec une grosse tête et un petit corps « les chefs d'Etat », Guillaume II, Alphonse XIII, Nicolas II, le Président Loubet, Edouard VII, Victor-Emmanuel III et Léopold II. Cette publicité n'est pas sans rapport avec un incident survenu au Président Loubet au début de son mandat. Les nationalistes et antisémites lui reprochaient notamment d'être favorable à la révision du procès de Dreyfus. Se rendant le 4 juin 1899 sur le champ de course d'Auteuil pour assister au grand steeple-chase, Emile Loubet fut agressé par le baron Ferdinand Cristiani qui lui asséna sur la tête un violent coup de canne. Le huit-reflets du premier des Français en fut tout cabossé. Il n'en fallut pas tant pour rendre célèbre le chapeau du président !

137   Le président américain Taft et Armand Fallières apportent leurs chemises à laver, empeser et repasser à la « Chemiserie franco-américaine ».

138 à 141   La politique de l'Entente cordiale, conduite par la Grande-Bretagne et la France à partir de 1904, est l'occasion pour les affichistes de représenter souvent Fallières en compagnie d'Edouard VII et d'imaginer des publicités franco-anglaises. Quant à Poincaré, il appréciera bientôt les qualités du talon tournant « Sélect ».

137

138

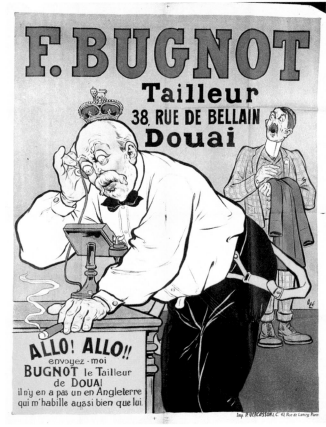

139

140

141

Les Grands dans leurs petits souliers

142 Les chefs d'Etat, qui voyagent beaucoup en ce début du XXe siècle, ont besoin d'être bien chaussés et d'avoir des souliers qui ne craignent ni les intempéries, ni les maladresses des voisins. « Bonne idée, déclare Fallières à Marianne, d'employer le « Papillon noir », il marquera dans l'Histoire... »

142

143 Les « Chaussures Incroyable » sont particulièrement appréciées sur les champs de course par Cléo de Mérode, Léopold II, Alphonse XIII, Edouard VII et Rochefort. Le roi d'Espagne, toutefois, ne semble pas insensible au charme de la belle danseuse.

144 Toujours « Incroyable », la même marque de chaussures propose, dans un catalogue publicitaire dessiné par Moloch, des souliers sur mesure aux pieds particulièrement sensibles des principaux chefs d'Etat occidentaux. On retrouve à l'essayage Nicolas II, Victor-Emmanuel III, Léopold II, Alphonse XIII, Guillaume II, Edouard VII, Théodore Roosevelt, le président américain, et Fallières. Seul l'empereur d'Allemagne ne semble pas apprécier ses petits souliers.

143

144

La gloire du Président

145

146

147

145 à 147   Pendant toute la durée de son mandat, le Président Fallières sera une des cibles privilégiées des affichistes. On le voit ici préférer l'eau du filtre Maignen au Loupillon, le vin de sa propriété, recommander l'usage de l'aspirateur...pour faire (par le vide) le ménage de l'Etat, ou se transformer en « salière », dans l'éphéméride publicitaire de Devriès, pour vanter les qualités univers...sel(les) de « Cérébos », le roi du sel.

148   Insensible à la gloire du Président, Jaurès, en bleu de travail, l'Humanité, le journal qu'il a fondé, sur les genoux, déguste tranquillement un verre de « Dubonnet ».

Premières actualités

149

149   Les célébrités sont tout naturellement associées au progrès de la photographie et du cinématographe. On retrouve le président Fallières en train d'avancer à vive allure sur le chemin de la gloire ; il est suivi par son nouveau président du Conseil Aristide Briand, transformé pour la circonstance en reporter, et de l'oncle Sam chargé de matériel de prises de vue. Le trio est accompagné par deux personnages qui ressemblent comme deux gouttes d'eau à Scherlock Holmes et au Docteur Watson, appelés sans doute pour élucider les nombreux mystères de la Troisième République...

150   Quelques années auparavant, le biophonographe, « le seul appareil au monde permettant de prendre et de reproduire à la fois les gestes et les paroles » avait déjà attiré un aréopage de personnalités, parmi lesquelles on reconnaissait, à partir du fond, Rochefort, Chamberlain, le commandant Marchand, Léopold II, François-Joseph 1er, et au premier rang, Kruger, Guillaume II, Nicolas II, Loubet et Déroulède, de retour en France après un bannissement de plusieurs années.

150

151 *Les souverains mènent leurs enfants au cinéma « Pathé » voir les premières actualités qui les mettent en vedettes. Dans la salle, on reconnaît Alphonse XIII et son fils, Edouard VII, Léopold II, Fallières, Victor-Emmanuel III et ses enfants Umberto et Yolande, Nicolas II avec sa femme Alexandra et leur fils Alexis.*

152 *A la Chambre des Députés, sous la présidence de séance de Brisson, Clémenceau harangue l'assemblée où figurent notamment Caillaux, Briand et Sarrien : « Vos protestations sont vaines...le meilleur cinéma est celui du Chatelet ». « - Ce n'est pas vrai, semble nous confier l'huissier, le meilleur cinéma est bien celui du Palais Bourbon ! »*

151

152

Les acteurs du drame

153

153 et 154   La convivialité apparente régnant dans les réunions de souverains européens n'a pas empêché la Première Guerre mondiale d'éclater. Forestier, un affichiste suisse de talent, réputé lui aussi pour utiliser des éléments d'actualité dans ses créations publicitaires n'avait pas hésité pour faire la promotion de produits anodins, à évoquer à plusieurs reprises le militarisme allemand. Il représentait ainsi pour le « Pétrole Figaro », un groupe d'officiers prussiens, dont un hussard de la mort, tout sanglés dans leurs uniformes d'apparat, venus offrir « le remède souverain contre la chute des cheveux » au vieux Bismarck en robe de chambre et en pantoufles, comme s'ils souhaitaient que le « Chancelier de fer », incarnation de la puissance allemande, reprît du service. Pour le « Cirage Babel », l'artiste mettait en scène un gigantesque et inquiétant Kaiser, fier de ses attributs guerriers, rêvant de réduire à sa botte l'humanité entière.

154

155 *En 1919, quand le rideau rouge de la guerre se lève enfin, les artisans de la victoire bombent timidement le torse pour exhiber leurs bretelles Guyot comme l'avaient fait joyeusement leurs aînés quinze ans
plus tôt. Mais le cœur n'est plus à la plaisanterie. Aucun des chefs d'Etat de 1900 n'est d'ailleurs plus présent
sur cette nouvelle image. Plusieurs d'entre eux sont morts : Abdul-Hamid, Léopold II, François-Joseph,
Edouard VII et Nicolas II. Guillaume II a été destitué et seul Loubet poursuit une retraite paisible. Parmi les
têtes nouvelles, aux côtés du vieux Tigre Clémenceau, (ressemblant de manière étonnante au Bismarck de
Forestier) figurent le président américain Wilson, le roi d'Angleterre Georges V, le maréchal Joffre, un poilu
anonyme, le maréchal Pétain, Lloyd George, le maréchal Foch, Albert 1er, roi des Belges et le roi d'Italie,
Victor-Emmanuel III. Cette image sera la dernière à utiliser à des fins publicitaires des regroupements humoristiques de chefs d'Etat.*

155

Dernières représentations

156   Après la Première Guerre mondiale, vont encore paraître quelques rares affiches publicitaires représentant des hommes politiques. En juillet 1926, Raymond Poincaré, qui avait exercé la magistrature suprême pendant la durée des hostilités, a accepté, à la demande du Président Gaston Doumergue soucieux de calmer le jeu suicidaire des parlementaires qui font valser les ministères les uns après les autres, de former un cabinet d'Union nationale. Le pays peut être momentanément rassuré : les treize membres du nouveau gouvernement « sont tous d'accord pour réclamer un « Vichy-Quina ». Avec un tel régime, la santé du franc ne pourra que s'améliorer. On trouve, autour de Poincaré, cinq anciens présidents du conseil Edouard Herriot, Aristide Briand, Louis Barthou, Paul Painlevé, et Georges Leygues ; de l'autre côté de la table, André Fallières, Léon Perrier, André Tardieu et Louis Marin ; au second plan, montant sur la table, Maurice Bokanowski, ainsi que Henri Queuille et Albert Sarraut, derrière Briand.

156

157   Quelques années plus tard, grâce aux attractions du « Cirque Karmah », la classe politique -qui ne s'est pas amendée- peut assister en toute sérénité au supplice de la femme coupée en morceaux. Mais ne s'agit-il pas en fait d'une évocation des forces antagonistes qui déchirent alors la France, plus précisément du drame qui s'est joué en février 1934 place de la Concorde et a failli dégénérer en guerre civile ? On reconnaît d'un côté Doumergue, président de 1924 à 1931, qui a repris à son tour du service comme chef du gouvernement en 1934, Caillaux, Herriot, Mandel, Barthou et Paul Boncour et de l'autre côté Tardieu, Painlevé, Laval et Blum.

158   Réunis autour du président Albert Lebrun à la veille de la Seconde Guerre mondiale, les représentants des principaux partis politiques, dont les querelles ont conduit le pays au désastre, écoutent attentivement Daladier. On reconnaît autour du tapis vert, à la droite de l'orateur, Herriot, puis Bonnet, Blum, Marin, Tardieu, Caillaux, Mandel, Laval, Lebrun, Reynaud, Cachin et Fabry. Le négociateur de Munich recommande -en langue allemande- à ses confrères, qui ont bien mauvaise mine, de prendre pour l'amélioration de leur santé, l'excellent breuvage « Boldoflorine », la bonne boisson pour le foie ! Mais c'est une médication d'une autre nature qu'il faudrait au pays pour surmonter les épreuves qui l'attendent. Marianne, troisième du nom, vit là ses derniers moments (Dessin extrait d'une revue médicale alsacienne non datée).

157

158

"Mon punch? rhum Pitterson!.."

Rhum Martinique Pitterson : "le rhum à punch".

159

"Mon punch? rhum Pitterson!.."

Rhum Martinique Pitterson : "le rhum à punch".

160

159 et 160   La Troisième République avait donc disparu de l'affiche et avec elle l'utilisation humoristique de personnages politiques qui avait donné à son art publicitaire une originalité et un piquant exceptionnels, toujours inégalés. Marianne, quatrième du nom, toute aux querelles intestines de ses compatriotes et à leur fringale de consommation, ne se permit sur ce plan aucune incartade, ni aucun regard critique. De la Cinquième, toute à ses pompes royales, on pouvait craindre le pire. Les premiers frémissements d'une reprise vinrent timidement ...de l'étranger. Encore avait-on pris la précaution de ne plus utiliser le dessin, ni la caricature, trop compromettants, ni la photographie de...l'original. Une grande campagne publicitaire en faveur du « Rhum Pitterson » pratiqua d'abord le flou artistique, puis le faux-semblant avec de vrais sosies. C'était plus simple, mais beaucoup moins drôle. Une pseudo reine d'Angleterre et un pseudo président des Etats-Unis, dans lesquels le public put reconnaître Elisabeth II et Ronald Reagan, prirent progressivement forme sous l'œil amusé des badauds.

*161   En 1985, pour lancer sa première boutique de vêtements, dédiée « à tous ceux qui aiment la mode », le couturier André Hayat, dans une page du quotidien **Libération**, allait s'enhardir jusqu'à faire représenter, en pleine page, le président Mitterrand coiffé d'un curieux bonnet. Savait-il alors qu'il ne faisait que renouer avec une ancienne tradition ?*

ANDRE HAYAT DEDIE SA PREMIERE BOUTIQUE A TOUS CEUX QUI AIMENT LA MODE.

ANDRE HAYAT

BOUTIQUE ANDRE HAYAT 6 RUE BACHAUMONT 75002 PARIS - TEL. : 261.35.05

161

Ecrivains, champions, acteurs et vedettes

A l'instar des personnages historiques, les écrivains sont utilisés comme enseignes de magasins ou pour la réclame de produits de grande consommation. Souvent, ils sont exploités en tant que gloires locales par leur province d'origine : *« Le Petit Descartes »* n'est pas un condensé du « Discours de la méthode », mais un fromage pur lait de chèvre fabriqué en Indre et Loire. Rabelais orne les étiquettes d'un vin de Chinon ou celles d'un camembert tourangeau (n°163). Quant à Pascal, il contribue à la notoriété d'un magasin de Clermont-Ferrand, sa ville natale (n°164). Depuis plus de cinquante ans, les chocolats de la Marquise de Sévigné conservent et cultivent l'image de la grande épistolière du siècle de Louis XIV. L'encre *« Victor Hugo »* et la plume *« Jules Verne »* (n°170) glorifient également le métier d'écrivain.

Parfois, les affiches mettent en scène et caricaturent des auteurs de leur vivant. Par leur style, elles se rapprochent alors de la série politique abordée précédemment. Frédéric-Auguste Cazals, chargé de la réalisation de l'affiche du Salon des Cent de 1894, représente ses amis, les poètes Jean Moréas et Paul Verlaine, en train d'examiner avec attention les tableaux de cette exposition (n°173). Cazals, à qui Verlaine avait écrit :« Mon Cazals, tu sais qu'en dépit de tout, je t'aime mieux qu'un frère », était d'ailleurs le portraitiste attitré du poète. Gus Bofa, avec sa verve coutumière, a l'idée de dessiner un aréopage d'immortels académiciens en grand uniforme, pour mettre en valeur un pneu « increvable » (n°172).

Sans doute inspiré par cet exemple illustre, l'écrivain Jean-Edern Hallier n'hésite pas en 1986 à endosser l'uniforme d'académicien pour la gloire des scooters *Vespa* et à déclarer avec sa modestie habituelle : « Et j'inscrirai le mot *Vespa* dans le dictionnaire ! » ; impertinence qui vaudra à son auteur d'être évincé du Grand prix du Roman de l'Académie française, auquel il aspirait pour « L'Evangile du fou ». Les académiciens contemporains auraient-ils moins d'humour que ceux de 1910 ? L'écrivain éconduit ripostera en posant, à nouveau, quelques mois plus tard, dans la même tenue et dans le même cadre, en déclarant cette fois-ci : « J'ai pas le prix, j'ai ma *Vespa* » ! Fin de l'épisode.

Entre les deux guerres, Colette, avec son étroit visage et sa touffe de cheveux frisés, constitue une proie facile pour les caricaturistes et les publicitaires. On la retrouve en train de faire l'éloge des cigarettes *Chesterfield*, de l'eau *Perrier* et du *Chat noir*, un nouveau journal humoristique (n°174). Elle-même rédige à différentes reprises des textes pour des catalogues commerciaux, estimant « plus difficile, plus tentant et plus agréable d'écrire un bel article de publicité que de rédiger une nouvelle ». Mais dans l'ensemble, les écrivains et savants ne sont plus guère sollicités. Quelques exceptions toutefois, avec un Karl Marx faisant du stop après la panne de sa moto (n°175) et un Albert Einstein, tout ragaillardi par une cure de *Banania*, en train de vendre du matériel informatique (n°176 et 177).

Souvent, les héros inventés par les auteurs deviennent plus célèbres que leur créateurs ; ils acquièrent alors une vie autonome. Il suffit ainsi d'habiller un jeune homme à l'allure romantique d'un pourpoint noir et d'une fraise tuyautée blanche, de placer à côté de lui un crâne humain, pour que tout un chacun reconnaisse un Hamlet, pouvant recommander indifféremment le whisky *« Black and White »* : « Etre et ne pas être, telle est la réponse » ou les canapés *« Arca »* : « Etre ou ne pas être installé confortablement ». Cyrano de Bergerac, le personnage littéraire le plus aimé des français, avant Jean Valjean et d'Artagnan, est choisi pour faire la réclame d'une huile anti-rhume propre à soigner son nez en péninsule (n°185). Le mousquetaire Athos et Esméralda, l'héroïne de Notre-Dame de Paris, donnent bizarrement leur nom, l'un à une marque de machines à coudre (n°184) et l'autre à un cognac (n°181). Robinson Crusoë vend des parapluies en 1890 et s'équipe quatre-vingt-dix ans plus tard dans un grand magasin, accompagné de son fidèle Vendredi (n°178 et 179). Les héros des contes de fées ne sont pas oubliés : « La Belle et la Bête », de Madame Leprince de Beaumont, tournent un spot télévisé à la gloire de la purée *Mousline* et les personnages de Charles Perrault ne sont pas en reste : Cendrillon orne des étiquettes de savon, le Chat botté fait du tourisme (n°182) et le petit Chaperon rouge vend du beurre normand, quand ce n'est pas du fil à coudre (n°183). Quant au Juif errant, ce personnage mythique condamné par le Christ à errer sans fin autour de la terre pour avoir refusé de l'accueillir chez lui lors de sa montée au Golgotha, il résiste à l'épreuve grâce à un apéritif tonique (n°180).

Le culte des champions sportifs n'est pas un phénomène récent. Dès le début du siècle, les foules se passionnent pour les records d'aviateurs comme Santos-Dumont (n°193), Mermoz et Maryse Bastié (n°194), et les performances de cyclistes comme Jules Dubois, André Friol, Maurice Garin, Gabriel Poulain, Octave Lapize ou Edmond Jacquelin. C'est tout naturellement que ces champions sont associés sur les affiches aux marques des matériels qu'ils utilisent, comme les bicyclettes « *La Française* », « *Alcyon* » ou « *Saving* » (n° 186 à 188) et les pneus « *Dunlop* » ou « *Michelin* ». Entre les deux guerres, on n'hésitera pas à utiliser les gloires sportives pour la réclame de boissons alcoolisées comme le « *Campari* » (n° 189) ou le « *Clacquesin* » (n° 192) quitte à employer ensuite leur image en faveur d'une campagne anti-alcoolique (n°190) ! Ce genre de publicité est maintenant devenu impossible, puisqu'une loi du 31 juillet 1987 interdit tout recours à des personnalités connues pour la promotion des boissons alcoolisées.

De nos jours, le champion est devenu un produit médiatique qui empoche souvent grâce à la publicité trois fois plus que ce qu'il gagne sur les stades, les pistes de ski ou les circuits automobiles. Le tennisman Yannick Noah fait la promotion de l'eau d'*Evian* ou des jeans *C17*. Le champion de football Michel Platini, bien qu'en retraite sportive, fait toujours recette avec des vêtements de loisir ou des ordinateurs, Mac Enroe ne consomme que des yaourts *Chambourcy*, et, en quelques années, le champion du monde automobile, Alain Prost, a fortement contribué au décuplement en France des points de vente de la firme américaine de pots d'échappement *Midas*.

Dès l'époque romantique, les effigies des actrices figurent déjà sur les étiquettes des flacons de parfum et des savons de toilette (n° 196), mais c'est surtout à la fin du dix-neuvième siècle que débute en France le culte des vedettes et leur utilisation par la publicité. Sarah Bernhardt est la grande initiatrice de cette tendance. Avec un sens aigu de sa propre promotion, elle accepte, dès 1889, qu'un parfumeur de l'avenue Parmentier, Reverchon, utilise son nom et son image pour le lancement d'une poudre de riz, « *La Diaphane* ». Elle lui écrit notamment : « Mais c'est une merveille que cette poudre, cher Monsieur Reverchon. J'accepte avec grand plaisir d'en être la marraine ». L'année suivante, une belle affiche de Chéret représentant le visage de l'actrice couvre les murs de Paris. La poudre est définitivement lancée (n° 199). Le parfumeur s'installe avenue de l'Opéra.

L'actrice ne s'arrête pas à ce coup d'essai ; on la voit faire ensuite la réclame de boissons alcoolisées, tels le quinquina *Michaud* (n°202) et l'absinthe *Terminus* (n°200), aussi bien que la promotion des pharmacopées censées guérir les excès, comme l'*Urodonal*, sur les qualités duquel elle déclarera sans ambage : « J'affirme que l'Urodonal conserve la jeunesse du corps, du cerveau et de l'esprit. J'en fais usage depuis deux ans avec le plus grand succès ». Généreusement, elle prodigue les compliments à la demande et témoigne tous azimuts : « Je ne trouve rien de meilleur qu'un petit *LU*, oh ! si, deux petits *LU* ! », ou encore : « le Vin de Coca *Mariani* est un ami précieux pour mon gosier. Merci, merci. » Elle affirme encore que le vin *Désiles* est « poétique et doux », qu'elle est « en pleine admiration du porte-plume *Onoto*, élégant et pratique ». En Angleterre même, on annonce que Madame Sarah Bernhardt utilise les pastilles *Pinelyptus* et le savon *Pears*. Et cette gloire n'est toujours pas éteinte ! Près de cent ans plus tard, la grande comédienne n'a rien perdu de son impact publicitaire : en 1980, la maison *Roger et Gallet* baptise son propre savon, dont la réputation n'est pourtant plus à faire :« Le produit de beauté de Sarah Bernhardt » !

Personnages-clés de la vie parisienne à la belle époque, les actrices et les demi-mondaines sont gaiement caricaturées , individuellement ou en groupe. Elles servent à la promotion de multiples produits, des pâtes alimentaires à l'eau minérale : on reconnaît Sarah Bernhardt à ses cheveux relevés et à son col montant (en 1900, elle avait cinquante-six ans et ne se permettait plus les décolletés), Yvette Guilbert à ses longs gants noirs et à son nez retroussé, Cléo de Mérode à ses bandeaux sur les oreilles, la Belle Otéro à ses yeux noirs et à ses chapeaux extravagants. Les acteurs sont également mis à contribution, surtout pour faire la réclame des boissons alcoolisées, Brasseur pour l'absinthe *Cusenier* (n°208), Coquelin aîné pour l'absinthe *Terminus* (n°200) et Coquelin cadet, de loin le plus représenté, pour l'essence *Vaporine* (n°205) , le *Kina-Cadet* (n°207), et le savon *Gibbs* dont il vante les mérites : « Avec le savon Gibbs, se raser devient un plaisir ». Sacha Guitry lui-même commente avec humour dans *L'Illustration* les qualités d'une ceinture : « Grâce à la ceinture *Franck Braun*, mon ventre est tombé et j'ai pu me baisser pour le ramasser... » Les acteurs et actrices de moindre renom sont régulièrement cités et photographiés dans les magazines de mode comme *Femina*, dans les programmes et les revues de théâtre comme *Comœdia Illustré*. On mentionne alors leur nom, le théâtre où ils jouent et l'adresse des maisons qui les habillent, les coiffent et les chaussent.

A la veille de la guerre de 1914 paraissent dans *l'Illustration* des publicités en pleine page pour le savon *Cadum*, reproduisant en gros plan des visages d'actrices qui affirment toutes utiliser le fameux savon. On y voit Madeleine Dolly, du Vaudeville, Gabrielle Robinne, du Théâtre français, Pepa Bonafé, de l'Apollo, Geneviève Vix, de l'Opéra comique... Ces publicités reparaîtront après la victoire avec d'autres artistes comme Gina Palerme, Lucienne Delahaye, Marthe Régnier ou Spinelli ; la légende la plus spirituelle étant celle qui accompagne la photographie des célèbres jumelles, les Dolly Sisters : « Pourquoi nous ressemblons-nous tant ? Parce que nous n'employons toutes deux que le Savon *Cadum* ! ». Quelques années plus tard, le procédé sera repris par la marque *Lux*, le « savon des stars », qui photographiera dans tous les pays les vedettes les plus aimées du public, de Marilyn Monroe à Elizabeth Taylor, de Michèle Morgan à Brigitte Bardot.

A partir de 1925, Joséphine Baker, très populaire, apporte son concours à différentes marques, notamment le *Clacquesin* et l'*Auto-Perco-Thermos* (n°216). On ira même jusqu'à créer un produit pour cheveux portant son nom, le *Bakerfix*. Dans les années trente, Mistinguett (n°215) fait également recette auprès des annonceurs et on ne peut ouvrir un programme de théâtre sans voir la comédienne citer les noms de son chausseur, de son couturier ou de sa modiste. Après la Seconde Guerre mondiale, le phénomène « vedette » ne fera que s'amplifier, et de nos jours, les stars du cinéma et du spectacle, comme celles du sport, sont régulièrement sollicitées pour participer à des campagnes publicitaires de tous ordres. Mais le message télévisuel ou filmé a remplacé le plus souvent l'affiche et les autres supports imprimés. Serait-ce donc la fin de l'affiche de célébrités ? Il ne semble pas, si l'on s'en tient au retour en force sur nos murs des monstres sacrées de l'écran, comme Marilyn Monroe et James Dean (n°227 à 229) qui, du fait de leur disparition, peuvent continuer à être sacrifiés rituellement sur l'autel de la tradition publicitaire.

Même Georges Brassens (n°230), grand spécialiste de la « renommée et de ses trompettes », a tenu à mettre son grain de sel dans la « célébration ».

Le culte des personnalités

162 *La maison Lefebvre-Utile de Nantes publie au début du siècle deux luxueux albums consacrés aux célébrités contemporaines, dont on trouve les photographies dans les paquets de biscuits. Les têtes célèbres sont collées sur de charmantes chromolithographies gauffrées et dorées dessinées par des artistes différents. Une phrase manuscrite du personnage retenu est imprimée au bas de ces images, qui exprime son jugement sur les petits « LU ». La majorité des cartes autographes publiées concernent des hommes de lettres, des acteurs et actrices de théâtres, des chanteurs, des peintres, des sculpteurs, des explorateurs. La page retenue comporte les vignettes d'Anatole France, d'Yvette Guilbert et de Sarah Bernhardt. Cette dernière, maniant avec subtilité l'art du slogan publicitaire, y déclare : « Je ne trouve rien de meilleur qu'un petit « Lu »...oh, si, deux petits « Lu ».*

162

Célébrités locales

163

163 *Les célébrités nationales sont souvent utilisées pour promouvoir les produits de leur terroir d'origine. Ainsi, François Rabelais orne aussi bien l'étiquette d'une bouteille de Chinon, sa ville natale, que celle d'un camembert fabriqué en Touraine.*

164 *Blaise Pascal sert d'enseigne à un magasin de Draperies et Nouveautés de Clermont-Ferrand, dont il est originaire.*

165 *Paraphrasant un vers célèbre du Cid, les cycles « Valor » n'hésitent pas à faire déclamer à Pierre Corneille juché sur sa machine : « Aux bicyclettes bien nées, la « Valor » n'attend pas le nombre des années. »*

Place de la Cathédrale
AU GRAND PASCAL
à Clermont Ferrand
COURTIAL FRÈRES
MAGASIN SPÉCIAL DE
Draperies et Nouveautés
ROUCHON. Imp. Breveté. Rue Bréda. 21

164

Philosophes à la mode

166

166   La consommation du café s'est développée au XVIIIᵉ. Voltaire, l'une des personnalités les plus importantes du siècle des Lumières devient, grâce à Rouchon, « le roi du Café ».

167   Voltaire va également servir d'enseigne à un important magasin de vêtements, situé Place de la République, très actif dans ses campagnes publicitaires. Les ateliers Chéret publieront pour lui différentes affiches et prospectus. Pour le personnage de Voltaire, Chéret s'est inspiré de la statue de Houdon.

167

168　Jean-Jacques Rousseau, autre figure de proue du XVIIIᵉ siècle, et rival de Voltaire, sert à son tour d'enseigne à un magasin de confection, rue Montmartre.

169　Le roman de Rousseau « La Nouvelle Héloïse », paru en 1761, remporte un tel succès qu'un magasin de Nouveautés de la rue Rambuteau empruntera son nom.

168

169

Plumes d'aventures

170   La Plume Jules Verne joue, du vivant de cet auteur visionnaire, sur le succès de ses romans, qui passionnent un large public, et notamment les écoliers qui utilisent les plumes métalliques. Sur l'affiche, sont évoqués en images : « Le Tour du Monde en 80 jours », « Cinq semaines en ballon », « 20 000 lieues sous les mers », « La Machine à vapeur » et « Les Aventures du capitaine Hatteras ».

170

171 *Alexandre Dumas semble trouver son inspiration dans les vapeurs stimulantes du « Cognac Letournaud ».*

"*Le Cognac Letournaud, liqueur préférable à toutes les liqueurs !*"

Alexandre DUMAS. (Extrait de son Journal "D'ARTAGNAN")

171

« Sic transit gloria mundi »

172   L'Académie française, malgré l'âge canonique de la plupart de ses membres, ne peut rivaliser avec l'increvable pneumatique « Automatic Ducasble ». Sans aller jusqu'à représenter les quarante académiciens de l'année 1910, Bofa s'est amusé à croquer une partie de ceux qui ont été consacrés de leur vivant et dont le souvenir devrait être conservé par les générations actuelles...Fragiles immortels ! En une étonnante ribambelle, il a représenté (de gauche à droite) Albert de Mun, Alexandre Ribot, Anatole France et son dra-peau tricolore, Charles de Freycinet discutant avec le vieil Emile Ollivier, ancien ministre de Napoléon III et académicien depuis quarante ans, Jean Richepin à l'imposante stature, René Doumic et les volumes de ses

172

« Ecrivains d'aujourd'hui », l'élégant Paul Deschanel, l'historien Frédéric Masson et son aigle impérial, Edmond Rostand, Chantecler sur le cœur, tenant en laisse un aiglon bien attendrissant, Raymond Poincaré se cachant derrière les plumes du coq gaulois, le triste Maurice Barrès et sa mèche tombante, l'administrateur de la Comédie française Jules Claretie et ses marionnettes, René Bazin arborant monocle et moustaches triomphantes, Eugène Brieux et « la Robe rouge », dont il est l'auteur, Maurice Donnay, l'ancien du « Chat noir », le petit Pierre Loti en grand uniforme bombant le torse, un hypothétique Paul Bourget aux trois quarts caché mais reconnaissable à sa houppe de cheveux et le vieux marquis Charles Melchior de Voguë.

Divers aspects de la pensée contemporaine

173

173   Pour annoncer en 1894 cette septième Exposition du Salon des Cent, Cazals représente le poète Paul Verlaine et Jean Moréas en train d'examiner les œuvres de leurs collègues.

174   La passion de Colette pour les chats incite Desbarbieux à représenter la célèbre romancière pour lancer un hebdomadaire humoristique qui reprend le titre de la feuille satirique créée par Rodolphe Salis un demi siècle auparavant. Le Chat noir dévidera, il est vrai, les nerfs en pelote.

175   Pour une fête de la Jeunesse communiste, Grapus représente Karl Marx faisant de l'auto-stop, des lunettes de motard sur le front, renouant par cette impertinence avec les meilleures traditions du dessin satirique.

174

175

176 et 177 Le grand savant Einstein devient à son tour la proie des publicitaires, pour les calculateurs de Hewlett Packard et le petit déjeuner « Banania »

176

177

Personnages en quête d'auteurs

178

178 à 185   Les héros des romans célèbres éclipsent parfois leurs auteurs et acquièrent une vie autonome dont sont friands les annonceurs. On trouve ainsi Robinson Crusoë, de Daniel De Foë ; le Juif errant, d'Eugène Sue ; Esmeralda, l'héroïne de « Notre-Dame de Paris » de Victor Hugo ; le Chat botté et le Petit Chaperon rouge de Charles Perrault ; Athos, l'un des « Trois mousquetaires » d'Alexandre Dumas et Cyrano de Bergerac de Rostand.

179

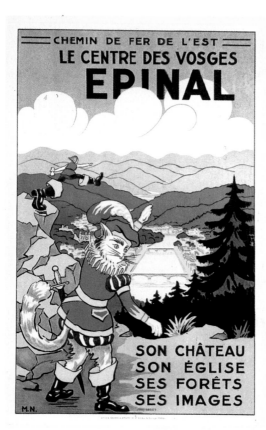

180

181

182

183

184

185

Gloires éphémères

186

186   Le coureur cycliste sur piste Gabriel Poulain, monté sur une « Saving », remporte le premier Championnat de France, sous les acclamations du président Loubet et de nombreux officiels, parmi lesquels figurent Edouard VII, Alphonse XIII, Delcassé et Sidi-Ali Bey. Au premier rang, on repère Rochefort, Jaurès, Brisson, la Belle Otéro, Combes, l'Abbé Lemire, Cléo de Mérode et Léopold.

187   En 1910, le Tour de France, dont la création en 1903 a été un événement, est gagné par Lapize, Faber, Garrigou et Vanhou-waert, des coureurs équipés par « Alcyon ».

188   Edmond Jacquelin, originaire de Côte d'Or, monté ici sur sa bicyclette « La Française », est un champion très populaire qui a gagné en 1900 le Grand prix de Paris, le Championnat de France et le Championnat du monde.

187

188

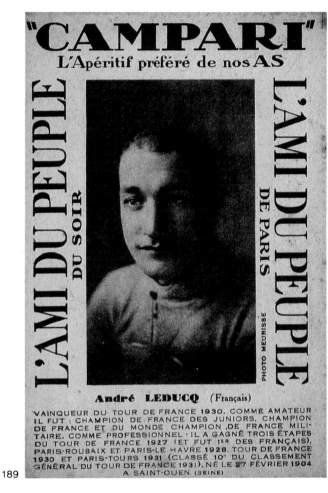

189 Le champion cycliste André Leducq affiche un palmarès impressionnant qui lui assure une solide popularité dans les années trente. Son effigie parue en carte postale accompagne une publicité pour le « Campari »,« L'Apéritif préféré de nos As » et le journal *L'Ami du Peuple*.

190 Le champion du monde d'haltérophilie, Charles Rigoulot, met sa popularité au service d'une campagne anti-alcoolique.

191 Louison Bobet, plusieurs fois vainqueur du Tour de France et champion du monde dans les années cinquante, donne son nom à certains modèles des montres « Altitude », une pratique devenue courante de nos jours.

Conquérants du ciel

192 *Souvent imprimée au dos des partitions de chansons populaires, la publicité pour « Clacquesin », le plus sain des apéritifs, comme au bon vieux temps du vin Mariani, fait apprécier ses vertus par les vedettes du sport et du spectacle. Aux côtés de la chanteuse Marie Dubas, du champion cycliste Antonin Magne, du champion du monde de boxe Marcel Thil, on trouve le jeune Rigoulot qui proclame par ailleurs : « Le secret de ma force, pas d'alcool » !*

192

193 Santos-Dumont, l'un des pionniers de l'aérostation et de l'aviation en France, qui a donné son nom à sa ville natale au Brésil, peint soigneusement avec de l'émail « Rivalin » l'un de ses prototypes.

194 L'aviation fait des progrès foudroyants pendant l'entre-deux-guerres et les exploits se multiplient. Maryse Bastié, détentrice de nombreux records internationaux, entourée ici de pilotes et de mécaniciens, contribue à cautionner les qualités de sécurité de l'huile « Celor ».

193

194

Femmes de théâtre

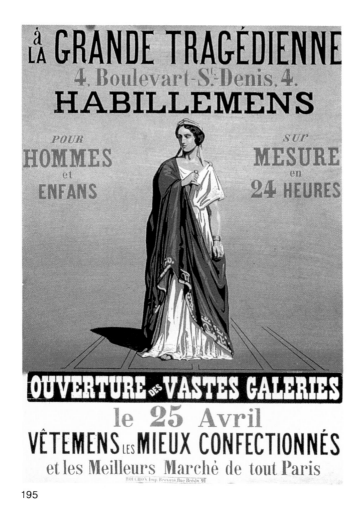

195

195 Rachel, la célèbre tragédienne entrée à la Comédie française à l'âge de dix-sept ans, interprète toute sa vie des œuvres de Racine et Corneille. Pour le magasin de vêtements « A la Grande Tragédienne », Rouchon représente l'actrice dans le rôle de Phèdre.

196 Sur une étiquette de 1834, le « Savon des Artistes » utilise le portrait de Mademoiselle Mars, l'actrice en vogue, qui joua notamment le rôle de Dona Sol lors de la création d'Hernani de Victor Hugo.

197 à 200 Mais l'actrice la plus célèbre de la Belle Epoque est sans doute Sarah Bernhardt qui aura une longue carrière théâtrale sur les planches parisiennes. On retrouve son image dans de nombreuses publicités, pour la poudre de riz « La Diaphane » et le « Quinquina l'Aiglon », rappelant le rôle qu'elle joua avec succès dans la pièce d'Edmond Rostand. On la retrouve aussi, en compagnie de Coquelin aîné en train de chanter les louanges de l'absinthe bienfaisante « Terminus ».

196

197

198

199

200

201

201   *Comment Jossot, auteur de cette affiche, voit-il sa propre production ? Dans la revue spécialisée l'Estampe et l'Affiche, il s'expliquera en ces termes : « L'affiche sur le mur doit hurler, elle doit violenter les regards du passant. Je puis dire sans fatuité que j'ai fait une immense réclame à la maison Saupiquet, aussi bien par mes couleurs gueulardes que par mon dessin grotesque poussé jusqu'au monstrueux. » Curieusement, Jossot ne parle pas des personnages qu'il a représentés en train de manger leurs sardines à même la boîte et avec leurs mains, à savoir Sidi-Ali Bey, Yvette Guilbert, Rochefort, Sarah Bernhardt et Aristide Bruant.*

202   *Willy, le premier mari de Colette, Polaire, le directeur de Théâtre Antoine, Sarah Bernhardt, Victor Boucher et le général André dégustent un verre de « Quinquina Michaud », ce breuvage qui, selon la réclame de la maison, « régénère l'organisme, stimule les fonctions digestives, tonifie les parois stomacales en même temps que le système nerveux ». Quelques années plus tard, la même publicité sera reprise avec les souverains de l'époque, notamment la reine Hélène d'Italie dont la beauté avait fait la conquête du public français.*

202

124

203

203   Au balcon d'une salle de spectacle, un ensemble de « têtes contemporaines bien connues », (dixit Maindron sans les nommer !), portant des chapeaux « Delion » de formes différentes, semblent assister à une représentation. On reconnaît dans ce groupe Toulouse-Lautrec, Valentin le désossé, Aristide Bruant et Emile Zola.

204   Au divan japonais, un cabaret de Montmartre, Jane Avril et Edouard Dujardin assistent au tour de chant d'Yvette Guilbert gantée de noir, dont Toulouse-Lautrec a curieusement coupé la tête.

204

Acteurs en liberté

205

205 Seule célébrité au milieu d'une foule parisienne utilisant automobiles, motocyclettes et vélocipèdes, Coquelin cadet, la pipe à la bouche et l'œillet à la boutonnière, descend à pied les Champs-Elysées, pour la gloire de l'essence homogène « Vaporine ».

206 Pour donner du prestige à un produit de consommation courante, « les pâtes aux œufs et aux légumes Ferrari », Cappiello met en scène un brillant groupe d'acteurs en tenue de soirée, tenant à la main un paquet de nouilles ou de macaronis. On reconnaît Mounet-Sully, Eve Lavallière, Naron, Jane Hading, Coquelin aîné, Réjane, Brasseur, Le Bargy, Jeanne Granier, Lucien Guitry, Coquelin cadet et Marthe Brandès.

206

207

207   Pour son apéritif, « Kina Cadet » fait appel à Coquelin...cadet.

208   Avant d'être interdite par la loi à cause des graves dangers qu'elle faisait courir à ceux qui la consommaient, l'absinthe était très en vogue à la fin du XIX⁰ siècle. L'absinthe « Cusenier oxygénée », en fait recommander l'usage par l'acteur Albert Brasseur avec, pour argument suprême, un encourageant « C'est ma santé » !

209   Pour les grands magasins des Cordeliers de Lyon, Cappiello utilise Jeanne Granier et Réjane, deux des actrices les plus en vue de l'époque, pour inciter les provinciales à s'aligner sur le goût parisien.

208

209

210　Même les célébrités non recommandables sont utilisées par l'affichiste en quête d'idées originales. L'anarchiste Jules Bonnot et sa bande, les premiers bandits à se servir d'automobiles pour leurs attaques à main armée, sont ainsi mis en scène par Joë Bridge pour vanter la rapidité des « Vermorel » qui les poursuivent et vont mettre fin à leurs tristes exploits en 1912.

211 et 212　Les musiciens célèbres servent rarement de faire-valoir publicitaire. Ogé, toutefois, n'a pas hésité à choisir le grand compositeur et virtuose Franz Liszt pour chanter les mérites des « Pastilles Géraudel » à une cantatrice enrhumée. Plus d'un demi siècle plus tard, Charles Rohonyi s'inspire du même personnage pour « Radialva », une marque de postes de radio.

211

212

213

214

213 Dans l'entre-deux-guerres, faisant concurrence au *Canard Enchaîné*, est lancé par Eugène Merle, *Le Merle blanc*, qui « siffle et persifle chaque samedi ». Celui-ci organise un « grand concours humoristique de mariages de raison ». Parmi les couples représentés par Marcel Arnac, on reconnaît Gaby Morlay et le président Millerand qui vient de démissionner à la suite de la victoire du Cartel des gauches, Cécile Sorel et Mandel, Pauley et Polaire, puis Joséphine Baker et Marie Dubas au bras de personnages non identifiés.

214 Après la Seconde Guerre mondiale, se précipitent pour lire *Oxygène*, « l'hebdomadaire de la fantaisie française », Edouard Herriot en habit d'académicien et équipé de sa pipe légendaire, Louis Jouvet, Paul Reynaud, l'Aga Khan, Joséphine Baker, Maître Moro-Giafferi, Jean-Paul Sartre, Maurice Chevalier, Robert Schumann, Paul Ramadier, le clown Grock, Carbuccia, le maréchal de Lattre de Tassigny et Colette.

215

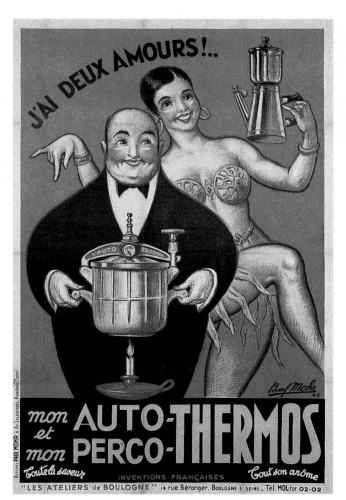

216

215 Mistinguett a prêté son image à de nombreuses firmes pour la publicité de leurs produits. Elle n'hésite pas à inventer un slogan pour le « Cherry Brandy Regals » : « Le Cherry de mon chéri est mon Cherry ».

216 La célèbre chanson de Joséphine Baker « J'ai deux amours, mon pays et Paris... », est paraphrasée pour les produits de la marque « Thermos ».

Les rois du cirque et du music-hall

217   Paul Colin représente le clown Grock, connu et aimé par tous les enfants du monde, avec son archet, mais l'habituel petit violon est remplacé par un disque car la marque « Odéon » conservait des archives sonores de son numéro.

218   Maurice Chevalier, croqué par Roger de Valério avec son célèbre canotier et sa démarche dégingandée, donne son nom au « Cherry des dames ».

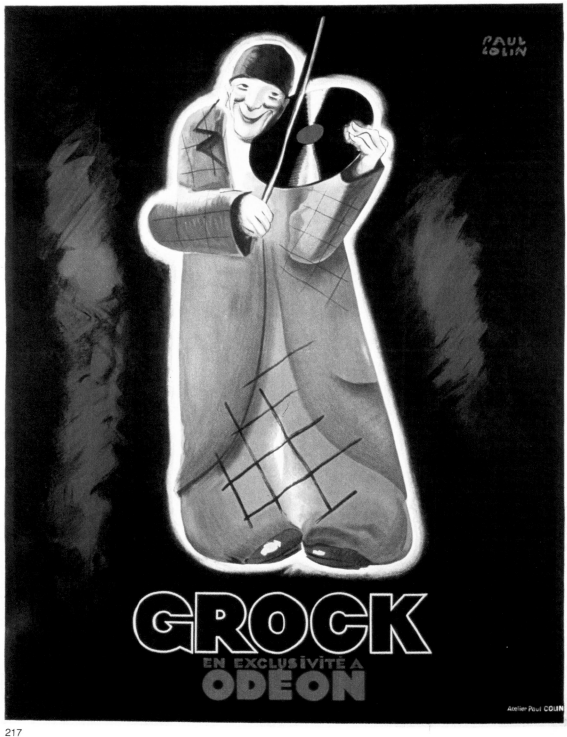

217

Le sourire des années cinquante

219   « Ça, c'est formidable ! », chante Gilbert Bécaud en enfourchant une « Vespa », le véhicule populaire chez les jeunes des années cinquante.

219

220   L'acteur américain Ronald Reagan, qui apprécie le goût des cigarettes « Chesterfield », a déjà à cette époque le sens des relations publiques.

221 à 223   Des tableaux-réclame ou des présentoirs agrémentés de portraits d'actrices accompagnent alors souvent dans les vitrines des magasins spécialisés les produits de beauté et d'hygiène : Nicole Courcel arbore le sourire « Vademecum » ; Alexandra Stewart fait revivre son teint grâce au lait de lanoline « Scherck » et Françoise Arnoul adopte le rouge à lèvres « Anselme ».

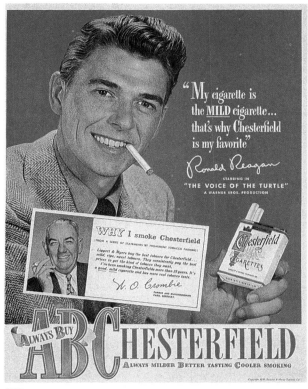

220

221

222

223

Vers le star-système

224   Au fil des années, l'art publicitaire est devenu souvent très sérieux, à quelques exceptions près.On retrouve ainsi des brins d'humour à la pointe de l'épée des Frères Jacques, « les athlètes de la chanson » en train de combattre les prix pour les stylos « Reynolds ».

225   L'eau minérale « Charrier » se distingue également. La marque lance une campagne publicitaire insolite quelques mois après le mariage de Brigitte Bardot, surnommée comme chacun sait « B.B. », avec l'acteur Jacques Charrier. A quelques jours d'intervalle, elle fait paraître deux affiches barrées d'épais traits bleus. La première ne comporte qu'un énorme point d'interrogation et le texte suivant : « Bébé aime Charrier ». La seconde affiche reprend le même texte mais représente un beau bébé joufflu serrant contre lui une bouteille d'eau minérale. Cette campagne, commencée dans l'humour, aura des suites judiciaires.

226   La marque « Lux » bâtit depuis ses origines sa politique publicitaire sur l'utilisation systématique des vedettes de cinéma, de Michèle Morgan à Catherine Deneuve, de Rita Hayworth à Marilyn Monroe, sans oublier Maria Montez qui « comme 9 stars sur 10 » emploie « le savon de toilette Lux ».

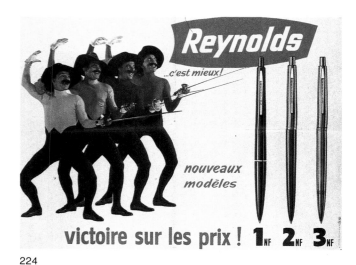

224

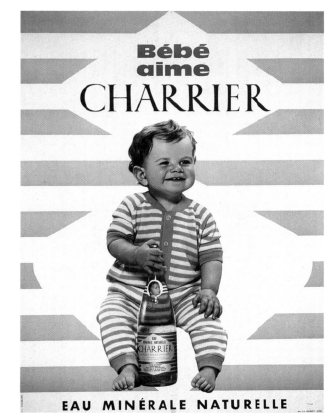

225

226

227 à 229 Certaines vedettes, comme Marilyn Monroe et James Dean, acquièrent une dimension mythique qui est exploitée et renforcée par de nombreux annonceurs, tels les jeans « Levi's » ou le whisky « Glen Turner ».

227

228

229

Les trompettes de la renommée

230   Même le chanteur, poète et compositeur Georges Brassens, pour qui les « trompettes de la renommée » sont toujours « bien mal embouchées », sacrifie au rite publicitaire, en contribuant à lancer un concours du **Parisien libéré**.
Mais ce sera pour l'amour de son chat.

230

Notices techniques des documents

N°	Annonceur	Support	Nature doc.	Dim. cm	Collection	Dessinateur	Imprimeur	Lieu	Date
1	AUTOMOBILE CLUB	Affiche	Lith. en couleurs	130 × 95	BF N° 199107	Gaudy	De Rycker	Bruxelles	1898
	Biblio : Oostens-Witamer, n° 64 ; Exp. "L'Aff. en Belgique", MDP n° 30								
2	HALDY	Affiche	Lith. en couleurs	130 × 101	BF N° 199109	anonyme	Camis	Paris	1900 c.
3	GENERAL ELECTRIC	Annonce	Impr. en couleurs	36 × 29	BF	anonyme	Fortune	New York	1935
4	PERFECTA	Affiche	Lith. en couleurs	80 × 60	BF N° 199110	anonyme	Frossard	Paris	1905 c.
5	VIN BRAVAIS	Affiche	Lith. en couleurs	121 × 82	BF N° 196532	anonyme	Verneau	Paris	1895 c.
6	ALIMENT COMPLET	Affiche	Lith. en couleurs	132 × 199	BF N° 193811	anonyme	Veloutés	Paris	1901 c.
7	CYCLES MENTOR	Affiche	Lith. en couleurs	160 × 120	BF 173877	Coulet	Poméon	St-Chamond	1900 c.
8	FAVOR	Affiche	Lith. en couleurs	163 × 120	BF N° 198539	anonyme	Jombart	Lille	1900 c.
9	BOLIDE	Affiche	Lith. en couleurs	120 × 160	BF N° 198293	Rip	Pichot	Paris	1930
10	INTERFLORA	Affiche	Impr. en couleurs	74 × 204	BF N° 197902	Pym	Gaillard	Paris	1970
11	VENUS SOAP	Affichette	Lith. en couleurs	40 × 22	BF N° 175442	anonyme	Champenois	Paris	1891
12	DUNANT PARFUMEUR	Etiquette	Lith. et pochoir	6 × 8	Sema	anonyme	anonyme	Paris	1834
13	GASTON MONIER	Affiche	Lith. en couleurs	160 × 120	BF N° 198616	Quinsac	Vieillemard	Paris	1900 c.
14	EVA	Affiche	Lith. en couleurs	32 × 24	BF N° 148862	Even	La Vasselais	Paris	1957
15	CIDRE DU FRUIT D.	Affiche	Lith. en couleurs	34 × 31	BF N° 195730	Gauthier	La Vasselais	Paris	1954
16	LILAINE SECURITAS	Affiche	Lith. en couleurs	158 × 119	BF N° 88677	Schmidt	Vercasson	Paris	1912
17	DEVILLE	Affiche	Lith. en couleurs	68 × 51	BF N° 196567	Bridge	Bridge	Paris	1920 c.
18	AU ROI DAVID	Affiche	Grav. sur cuivre	36 × 23	Hessenbruch	anonyme	Lameslé	Paris	1752
19	V.F. (FIL)	Etiquette	Lith. en couleurs	13 × 8	Bordet	anonyme	Danel	Lille	1870 c.
20	SAINTE FAMILLE (LA)	Affiche	Lith. en couleurs	124 × 86	BF N° 197182	Boireau	La Lithony	Roquevaire	1920 c.
21	A SAINTE MARIE	Affiche	Xylogr. couleurs	101 × 76	BN	Rouchon	Rouchon	Paris	1858
	Biblio : Exp. "Rouchon", MDP n° 78.								
22	CANOE MENSUEL	Carte post.	Impr. en couleurs	11 × 15	BF	photogr. an.	Agence TBWA	Paris	1986
23	VICHY-SAINT-YORRE	Affiche	Lith. en couleurs	124 × 164	BF N° 195261	Gauthier	La Vasselais	Paris	1967
24	DAYTON CYCLES	Affiche	Lith. en couleurs	159 × 228	BF N° 194261	Thiriet	Courmont	Paris	1898
25	A ST NICOLAS	Etiquette	Lith. en couleurs	14 × 8	Bordet	anonyme	anonyme	Paris	1890 c.
26	BISCOTTES ST LUC	Affiche	Lith. en couleurs	164 × 124	BF N° 195127	Roland	La Vasselais	Paris	1959
27	PARADI CHLOROB.	Affiche	Lith. en couleurs	165 × 123	BF N° 149594	Varenne	La Vasselais	Paris	1956
28	AU BON DIABLE	Affiche	Xylogr. couleurs	217 × 152	BN	Rouchon	Rouchon	Paris	1859
	Biblio : Exp. "Rouchon", MDP n° 93								
29	THOMSON	Affiche	Lith. en couleurs	120 × 160	BF N° 149468	Chaval	Gaillard	Paris	1965
30	MARTINI	Annonce	Impr. en couleurs	29 × 20	Bordet	Marcou	Plaisir de Fr.	Paris	1954
31	CHERRY-GUERY	Affiche	Lith. en couleurs	164 × 124	BF N° 198510	Lutcher	Pichot	Paris	1900 c.
32	ELIXIR GODINEAU	Affiche	Lith. en couleurs	184 × 104	BF N° 176458	anonyme	Verneau	Paris	1900 c.
33	DIABLE ROUSSET	Affiche	Lith. en couleurs	86 × 66	BF N° 198547	Tabouret	Delanchy	Paris	1900 c.
34	FOURNIER TRIPLE SEC	Affiche	Lith. en couleurs	160 × 120	Bachollet	Cappiello	Vercasson	Paris	1907
35	KUNSTL. MUNICH	Affiche	Lith. en couleurs	120 × 84	BF N° 199125	Braunbeck	Munchenchromo	Munich	s.d.
36	PETROFIGAZ	Affiche	Impr. en couleurs	160 × 120	BF N° 196072	Savignac	Lalande-C.	Wissous	1978
37	DEHAYNIN	Affiche	Lith. en couleurs	138 × 100	BF N° 88626	Cappiello	Vercasson	Paris	1912
38	LUCIFER	Affiche	Lith. en couleurs	163 × 124	BF N° 193742	Niké	Verneau	Paris	1910 c.
39	LOTERIE NATIONALE	Affiche	Lith. en couleurs	160 × 120	BF N° 196011	Fix-Masseau	Bedos	Paris	1975 c.
40	NAVY'S CHRISTMAS	Prospectus	Lith. en couleurs	14 × 9	Hessenbruch	anonyme	Maes	Bruxelles	1945 c.
41	LAIT. CHADENAC	Etiquette	Lith. en couleurs	11 × 11	Hessenbruch	anonyme	Garnaud	Angoulême	1960 c.
42	SEC. POPUL. FR.	Affiche	Lith. en couleurs	43 × 33	BF N° 174188	Morvan	Paris-Prov. Imp.	Bagnolet	1975
43	TEINTURE MALPAS	Affiche	Lith. en couleurs	64 × 44	BF N° 196052	anonyme	Courbe-Rouset	Dole	1900 c.
44	JOHNSTON HARV.	Affiche	Lith. en couleurs	115 × 80	BF N° 173969	anonyme	Gies and Co	Buffalo	1900 c.
45	BOULOGNE-SUR-MER	Affiche	Lith. en couleurs	109 × 78	BF N° 194252	Mich	Dauvissat	Paris	1905 c.
46	SOUDEE	Affiche	Lith. en couleurs	310 × 106	BF N° 199071	Sennep	Jeanrot	Paris	1950 c.
47	ELIXIR GAULOIS	Affiche	Lith. en couleurs	144 × 100	BF N° 175892	Blott	Vercasson	Paris	1895
48	ESPERANTINE	Affiche	Lith. en couleurs	150 × 100	BF N° 197975	Cappiello	Vercasson	Paris	1910
49	REGIE FR. TABACS	Affiche	Lith. en couleurs	79 × 59	BF N° 199443	Ponty	Seita	Paris	1950 c.
50	GALLIA	Affiche	Lith. en couleurs	140 × 101	BF N° 198544	Tichon	Kossuth	Paris	1900 c.
51	FIL AU VAINQUEUR	Etiquette	Lith. en couleurs	12 × 8	Coll. Part.	anonyme	anonyme	Paris	1900 c.
52	BERGOUGNAN	Affiche	Lith. en couleurs	129 × 89	BF N° 198524	Carlu	Sirven	Paris	1920 c.

53	RICQLES	Affiche	Lith. en couleurs	128 × 168	BF N° 194782	Barrère	Robert	Paris	1910 c.
54	A CHARLEMAGNE	Etiquette	Lith. en couleurs	14 × 9	Coll. part.	anonyme	anonyme	Paris	1900 c.
55	RAYNAL	Affiche	Lith. en couleurs	164 × 124	BF N° 193881	Auzolle	Vercasson	Paris	1900 c.
56	A JEANNE D'ARC	Affiche	Lith. en couleurs	257 × 94	BF N° 172485	De Feure	Bourgerie	Paris	1896
57	GARCIN ET RABATTU	Affichette	Lith. en couleurs	27 × 20	BF N° 5049 Rés.	anonyme	Champenois	Paris	1896
58	LAITERIE DONNEMENT	Etiquette	Impr. en couleurs	14 × 14	BF	anonyme	Collier	Fourmies	1960 c.
59	FRANÇAISE (LA)	Affiche	Lith. en couleurs	163 × 115	BF N° 198538	Pal	Caby Chardin	Paris	1900 c.
60	BAYARD VETEMENTS	Affiche	Lith. en couleurs	160 × 126	BF N° 197540	Ravel	Giraud-Rivoire	Lyon/Paris	1951
61	CLEMENT	Affiche	Lith. en couleurs	133 × 200	BF N° 198600	Misti	Chambrelent	Paris	1906 c.
62	GALLAND	Affiche	Lith. en couleurs	160 × 118	BF N° 87111	Cappiello	Vercasson	Paris	1911
63	BIERE FORT CARRE	Affiche	Lith. en couleurs	200 × 130	BF N° 88680	Cappiello	Vercasson	Paris	1912
64	ROYAL GAILLAC	Affiche	Lith. en couleurs	200 × 130	BF N° 175888	Cappiello	Devambez	Paris	1922
65	PROD. ARMAGNAC	Affiche	Lith. en couleurs	130 × 96	BF N° 193889	anonyme	Camis	Paris	1910 c.
66	LAUBENHEIMER	Affiche	Lith. en couleurs	120 × 80	BF N° 174884	Ripart	Bachollet	Paris	1925 c.
67	LIEBIG	Affiche	Lith. en couleurs	138 × 220	BF N° 198970	Roy	Robin	Paris	1920 c.
68	CAM. BEARNAIS	Etiquette	Impr. en couleurs	12 × 12	BF	anonyme	Garnaud	Angoulême	1970 c.
69	VERT-GALANT	Affiche	Lith. en couleurs	90 × 65	BF N° 151317	Algis	Perréal	Paris	1890
70	ROYAL GAILLAC	Affiche	Lith. en couleurs	127 × 88	BF N° 195868	Mory	Atelier Mory	Paris	1920 c.
71	CHOCOLAT HENRY	Affiche	Lith. en couleurs	128 × 88	BF N° 195866	Lochard	Fama	Paris	1910 c.
72	REGINA	Affiche	Lith. en couleurs	130 × 93	BF N° 173926	Chapellier	Chapellier	Paris	1900 c.
73	PARVEAUD	Affiche	Lith. en couleurs	115 × 81	BF N° 196542	anonyme	Impr. Richelieu	Paris	1890 c.
74	AU GRAND TURENNE	Affiche	Lith. en couleurs	127 × 90	MDP N° 10912	Chéret	Chéret	Paris	1875
75	AU MASQUE DE FER	Affiche	Lith. en couleurs	41 × 31	MDP N° 10524	Chéret	Chéret	Paris	1875
76	JEAN BART	Affiche	Lith. en couleurs	155 × 105	BF N° 198296	Le Monnier	Lutétia	Paris	1933
77	MABILLE	Affichette	Grav. noir et bl.	26 × 15	BHVP	anonyme	anonyme	Paris	1735
78	MURAT	Annonce	Impr. en couleurs	26 × 21	BF	EM Fred	Plaisir de Fr.	Paris	1949
79	BANANIA	Affiche	Impr. en couleurs	30 × 40	BF N° 199447	Roux-Seguela	RCS	Nanterre	1988
80	PERNOD/SUZE	Annonce	Impr. en couleurs	28 × 20	BF	Photogr. an.	Télérama	Paris	1987
81	A LA REDINGOTE GR.	Affiche	Xylogr. couleurs	138 × 100	BN	Rouchon	Rouchon	Paris	1856

Biblio : Exp. "Rouchon", MDP n° 75

82	DUNANT PARFUMEUR	Etiquette	Lith. et pochoir	4 × 7	Sema	anonyme	anonyme	Paris	1834
83	PETIT CAPORAL (LE)	Affiche	Lith. en couleurs	81 × 62	MDP N° 10731	Chéret	Chéret	Paris	1876
84	NIL (LE)	Affiche	Lith. en couleurs	60 × 40	BF N° 199385	Dellepiane	Moullot	Marseille	1905
85	PEUGEOT	Affiche	Lith. en couleurs	120 × 160	BF N° 174944	Mich	anonyme	Paris	1908
86	COURVOISIER	Affiche	Lith. en couleurs	120 × 155	BF N° 197927	anonyme	I. Monégasque	Montecarlo	1905
87	COURVOISIER	Annonce	Impr. en couleurs	29 × 21	BF	De Plas	Sp. du Monde	Paris	1965

Biblio : La Revue du Cinéma, n° 21

88	NAPOLEON	Affiche	Lith. en couleurs	128 × 93	BF N° 193576	anonyme	anonyme	Suisse	1940
89	GIRARD	Affiche	Lith. en couleurs	107 × 140	BF N° 193886	Trick	anonyme	Paris	1905
90	CAMUS	Pr. affiche	Gouache	20 × 16	BF N° 198377	Kow	s.o.	s.o.	1930 c.
91	SANCHEZ	Affiche	Lith. en couleurs	165 × 125	BF N° 174742	Bridge	Bridge	Paris	1910 c.
92	FAR	Affiche	Lith. en couleurs	165 × 122	BF N° 176540	Auriac	La Vasselais	Paris	1960 c.
93	FLORENT	Affiche	Lith. en couleurs	140 × 220	BF N° 88676	Auzolle	Vercasson	Paris	1912
94	FORMOCARBINE	Annonce	Impr. en couleurs	26 × 20	Bordet	anonyme	Idée publicit.	Paris	1970 c.
95	REVUE LIRE	Annonce	Impr. en couleurs	28 × 20	BF	anonyme	Express	Paris	1987
96	SAPONITE	Affiche	Lith. en couleurs	134 × 95	BF N° 174743	anonyme	Verneau	Paris	1900 c.
97	FELIX POTIN	Affiche	Lith. en couleurs	134 × 97	BF N° 198385	anonyme	Jouet	Paris	1899 c.
98	AU CONGRES PARIS	Affiche	Xylogr. couleurs	150 × 111	BN	Rouchon	Rouchon	Paris	1856

Biblio : Exp. "Rouchon", MDP n° 63

99	DUNANT PARFUMEUR	Etiquette	Lith. et pochoir	7 × 5	Sema	anonyme	anonyme	Paris	1834 c.
100	A LA PORTE MONTM.	Prospectus	Lith. en couleurs	16 × 23	Hessenbruch	anonyme	Grandrémy	Paris	1888

Biblio : Grand-Carteret "Vieux papiers", p. 453

101	VINCENT FILS	Affiche	Lith. en couleurs	190 × 128	BF N° 194713	Guillaume	Camis	Paris	1893

Biblio : Maindron, p. 74 ; Henriot, n° 710 ; la seconde version de l'affiche (MDP N° 12392) a été publiée après 1894.

102	TRIBOULET (LE)	Affiche	Lith. noir et bl.	121 × 41	MDP N° 12782	anonyme	Favand	Paris	1890 c.

Biblio : Maindron, p. 170

103	QUINQUINA MONCEAU	Affiche	Lith. en couleurs	280 × 100	BF N° 54907	anonyme	Verneau	Paris	1895

Biblio : Henriot, n° 189

104	COINTREAU	Affiche	Lith. en couleurs	132 × 102	BF N° 196068	Guillaume	Camis	Paris	1895 c.
105	JANE MAY	Affiche	Lith. en couleurs	130 × 95	BF N° 176624	anonyme	Lévy	Paris	1897

Biblio : Exp. "Lever de rideau", BF n° 301

106 BOITE A FURSY (LA)	Affiche	Lith. en couleurs	123 × 66	BF N° 153892	Grun	Chaix	Paris	1899
107 MICHELIN	Affiche	Lith. en couleurs	109 × 80	BF N° 172457	anonyme	Gérin	Paris	1901 c.
108 VICHY-SAINT-YORRE	Affiche	Lith. en couleurs	166 × 127	BF N° 198536	Auzolle	Vercasson	Paris	1898
109 DAHOMEENNE (LA)	Affiche	Lith. en couleurs	140 × 100	BF N° 199425	anonyme	Verneau	Paris	1894

Biblio : Exp. ''La Petite Reine'', MDP n° 66 ; Exp. ''Négripub'', BF n° 10

110 DOCTEUR TRABANT	Affiche	Lith. en couleurs	120 × 80	BF N° 198756	Ogé	Verneau	Paris	1899

Biblio : Exp. Musée Hist. Médecine, n° 49 ; Das Frühe Plakat, vol. 2, n° 666

111 QUINQUINA PRINCES	Affiche	Lith. en couleurs	149 × 218	BF N° 172955	Ogé	Vercasson	Paris	1899
112 HIGH LIFE TAILOR	Annonce	Impr. en couleurs	30 × 22	BF	Moloch	Le Rire	Paris	1899
113 GUYOT	Carte post.	Lith. en couleurs	9 × 14	Hessenbruch	Guillaume	Verger	Paris	1900 c.
114 AU COQ D'OR	Carte post.	Lith. en couleurs	9 × 14	Hessenbruch	Quidam	Galibert	Paris	1890
115 OMNIUM	Affiche	Lith. en couleurs	59 × 40	BF N° 176506	Vidal	anonyme	Paris	1900 c.
116 JUSSY ET CIE	Affiche	Lith. en couleurs	150 × 109	MDP N° 14052	anonyme	Vercasson	Paris	1895 c.

Biblio : Exp. ''La Petite Reine'', MDP n° 55

117 BARRE	Affiche	Lith. en couleurs	125 × 160	BF N° 198297	Courtois	Robin	Paris	1906
118 DURANDAL	Affiche	Lith. en couleurs	100 × 140	MDP N° 12828	Auzolle	Vercasson	Paris	1902 c.
119 AUTOMOBILES PAX	Affiche	Lith. en couleurs	115 × 159	BF N° 171582	Stéphane	I. Entrepot	Paris	1907
120 AUTO LUXIOR	Affiche	Lith. en couleurs	126 × 164	BF N° 193378	Du Médic et Jop	Vieillard	Paris	1913
121 MENTHE-PASTILLE	Affiche	Lith. en couleurs	127 × 198	BF N° 174741	Ogé	Vercasson	Paris	1904

Biblio : Das Frühe Plakat, vol. 2, n° 668

122 MENTHE-PASTILLE	Affiche	Lith. en couleurs	118 × 158	BF N° 194260	Ogé	Vercasson	Paris	1913
123 ARLATTE CHICOREE	Affiche	Lith. en couleurs	128 × 200	BF N° 198384	Ogé	Vercasson	Paris	1905 c.
124 ORANG. LIEUTARD	Affiche	Lith. en couleurs	121 × 161	M. de Toulouse	Barrère	Robert	Paris	1906 c.

Biblio : Exp. Musée P. Dupuy, Toulouse, n° 1

125 FRAISETTE (LA)	Affiche	Lith. en couleurs	136 × 204	BF N° 176440	Chapellier	Chapellier	Paris	1906 c.
126 OISEAU BOUCLE (L')	Affiche	Lith. en couleurs	80 × 120	BF N° 150212	anonyme	Delattre	Paris	1909 c.
127 CLERIKOP	Affiche	Lith. en couleurs	140 × 96	BF N° 199350	anonyme	Guéneux	Paris	1905 c.
128 BIARD CAFE	Affiche	Lith. en couleurs	128 × 85	BF N° 82736	Neumont	Minot	Paris	1908
129 DEFAS	Affiche	Lith. en couleurs	120 × 160	BF N° 173897	Ogé	Vercasson	Paris	1904 c.
130 SAVON LA COQUILLE	Affiche	Lith. en couleurs	130 × 200	BF N° 172892	Ogé	Vercasson	Paris	1906

Biblio : Exp. Négripub, BF n° 36

131 BI-LESSIVE VEGETALE	Affiche	Lith. en couleurs	121 × 158	BF N° 175886	Moloch	Robert	Paris	1906
132 DERNIERE HEURE (LA)	Affiche	Lith. en couleurs	144 × 114	BF N° 198065	Flasschoen	Gouweloos	Bruxelles	1906

Biblio : Baudson, Exp. Bruxelles, n° 33

133 FRAPIN	Affiche	Lith. en couleurs	107 × 74	BF N° 198759	Auzolle	Vercasson	Paris	1905 c.
134 AU COQ	Affiche	Lith. en couleurs	275 × 100	MDP N° 12885	Bofa	Verneau	Paris	1905 c.

Biblio : Exp. ''La Belle Epoque'', n° 29, Musée des Arts Décos

135 PROBITAS	Affiche	Lith. en couleurs	141 × 66	MDP N° 13858	Van Neste	Ratinex	Anvers	1905 c.
136 AUBIN	Affiche	Lith. en noir et b	115 × 159	BF N° 172967	Charbonnier	Kossuth	Paris	1904
137 CHEMISERIE FR. AM.	Affiche	Lith. en couleurs	160 × 120	BF N° 173880	Bofa	Bofa	Paris	1910 c.
138 BOULOGNE-SUR-MER	Affiche	Lith. en couleurs	119 × 80	MDP N° 12344	Grün	Daubentis	Levallois	1908 c.
139 BUGNOT	Affiche	Lith. en couleurs	160 × 120	BF N° 199380	Ogé	Vercasson	Paris	1906
140 WEST END TAILORS	Affiche	Lith. en couleurs	160 × 120	BF N° 199388	Larramex	Chapellier	Paris	1908 c.
141 TALON SELECT	Affiche	Lith. en couleurs	164 × 121	BF N° 197628	Barrère	Robert	Paris	1913
142 PAPILLON NOIR (LE)	Affiche	Lith. en couleurs	120 × 80	BF N° 173939	Lochard	Lochard	Paris	1907 c.
143 CHAUS. INCROYABLE	Affiche	Lith. en couleurs	160 × 120	BF N° 91286	Matignon	Camis	Paris	1908 c.
144 CHAUS. INCROYABLE	Cat. publ.	Impr. en couleurs	22 × 14	Bordet	Moloch	Acker	Paris	1908 c.
145 MAIGNEN FILTRE	Affiche	Lith. en couleurs	80 × 60	BF N° 172970	Vion	Pelletier	Paris	1908 c.
146 ASPIRATOR	Affiche	Lith. en couleurs	140 × 100	BF N° 172869	Bernard	Wall	Paris	1908 c.
147 CEREBOS	Calendrier	Impr. en couleurs	17 × 13	Bachollet	Bloch	Devriès	Paris	1913
148 DUBONNET	Présentoir	Lith. en couleurs	38 × 24	Hessenbruch	anonyme	Verger	Paris	1907 c.
149 AS DE TREFLE	Affiche	Lith. en couleurs	120 × 160	BF N° 198298	Courtois	Chapellier	Paris	1909 c.
150 BIOPHONOGRAPHE	Affiche	Lith. en couleurs	158 × 112	M. de Toulouse	anonyme	Kossuth	Paris	1903 c.

Biblio : Exp. Musée P. Dupuy, n° 58

151 CINEMA PATHE	Affiche	Lith. en couleurs	123 × 160	BF N° 196536	Barrère	Robert	Paris	1909 c.
152 CINEMA CHATELET	Affiche	Lith. en couleurs	167 × 233	BF N° 84239	Bofa	Lhoir	Paris	1907 c.
153 PETROLE FIGARO	Affiche	Lith. en couleurs	105 × 80	BF N° 175947	Forestier	Noverraz	Genève	1898
154 CIRAGE BABEL	Affiche	Lith. en couleurs	125 × 89	B. N. Berne	Forestier	Affiches Artis	Genève	1902

Biblio : Comtesse, Le Vieux Papier, 1908 ; Giroud, Les Affiches de Forestier Genava, 1987

155 GUYOT	Carte post.	Lith. en couleurs	9 × 14	BF	Guillaume	Verger	Paris	1918
156 VICHY-QUINA	Affiche	Lith. en couleurs	120 × 160	BF N° 198991	Tel	Daudé Frères	Paris	1927

157 CIRQUE KARMAH	Affiche	Lith. en couleurs	130 × 165	BF N° 198257	Finot	Delattre	Paris	1935 c.
158 BOLDOFLORINE	Annonce	Impr. en couleurs	24 × 31	BF	Le Tourneur	anonyme	s.l.	1938 c.
159 RHUM PITTERSON	Affiche	Impr. en couleurs	300 × 400	MDP N° 100130	anonyme	anonyme	Paris	1982
160 RHUM PITTERSON	Affiche	Impr. en couleurs	300 × 400	MDP N° 100128	anonyme	anonyme	Paris	1982
161 HAYAT ANDRE	Annonce	Impr. en NB	37 × 28	JM Lehu	Photogr. an.	Libération	Paris	1985
162 LEFEBVRE-UTILE	Album	Chromo. lith.	25 × 37	BF N° 5057	anonyme	Goosens	Paris	1901 c.
Biblio : Exp. "Pages d'or...", BF n° 41								
163 FROMAGERIE DU PUY	Etiquette	Impr. en couleurs	12 × 12	BF	anonyme	Garnaud	Angoulême	s.d.
164 COURTIAL FRERES	Affiche	Xylogr. couleurs	100 × 75	BN	Rouchon	Rouchon	Paris	1860
Biblio : Exp. "Rouchon", MDP n° 82								
165 VALOR	Affiche	Lith. en couleurs	124 × 80	BF N° 176465	Lochard	Lochard	Paris	1895 c.
166 A VOLTAIRE	Affiche	Xylogr. couleurs	79 × 51	BN	Rouchon	Rouchon	Paris	1857
Biblio : Exp. "Rouchon", MDP n° 72								
167 A VOLTAIRE	Affiche	Lith. en couleurs	123 × 88	BF N° 198376	Chéret	Chéret	Paris	1890 c.
Biblio : Grand-Cartelet, "Vieux Papiers", p. 453								
168 GALERIES HALLES C.	Affiche	Xylogr. couleurs	168 × 100	BN	Rouchon	Rouchon	Paris	1852
Biblio : Exp. "Rouchon", MDP n° 41								
169 A LA N. HELOÏSE	Affiche	Lith. en couleurs	127 × 89	MDP N° 10911	Chéret	Chéret	Paris	1871
Biblio : Henriot, n° 445								
170 PLUME JULES VERNE	Affiche	Lith. en couleurs	119 × 83	BF N° 196535	anonyme	Verneau	Paris	1890 c.
171 ETOURNAUD	Présentoir	Impr. en couleurs	37 × 24	BF	anonyme	Delteil	Bordeaux	1950 c.
172 AUT. DUCASBLE	Affiche	Lith. en couleurs	32 × 100	BF N° 199455	Bofa	anonyme	Paris	1910 c.
173 SALON DES CENT	Affiche	Lith. en couleurs	61 × 38	MDP	Cazals	Bourgerie	Paris	1894
Biblio : Henriot, n° 264								
174 CHAT NOIR (LE)	Affiche	Lith. en couleurs	163 × 126	BF N° 174812	Desbarbieux	Gredes	Paris	1925 c.
175 JEUN. COMMUNISTE	Affiche	Impr. en couleurs	121 × 82	BF N° 173209	Grapus	Grenier	Gentilly	1976
176 HEWLETT-PACKARD	Affiche	Impr. en couleurs	70 × 49	BF N° 199444	anonyme	anonyme	Suisse	1980 c.
177 BANANIA	Affiche	Impr. en couleurs	30 × 40	BF N° 199448	Roux-Seguela	R.C.S.	Nanterre	1988
178 CELU	Affiche	Lith. en couleurs	147 × 111	BF N° 197246	anonyme	Delaroche	Lyon	1937
179 ELYSOLD	Affiche	Impr. en couleurs	160 × 120	JBD-MCP	phot. anonyme	Lithotyp	Marseille	1985
Biblio : Exp. "Négripub", BF n° 147								
180 CHEMIN DE FER	Affiche	Lith. en couleurs	106 × 68	BF N° 197179	anonyme	Serre	Paris	1930 c.
181 COATS	Affiche	Lith. en couleurs	59 × 40	BF N° 175660	anonyme	Champenois	Paris	1894
182 BONNEFOUX	Affiche	Lith. en couleurs	44 × 32	MDP N° 14640	anonyme	Verneau	Paris	1905 c.
183 COGNAC ESMERALDA	Etiquette	Lith. en couleurs	14 × 10	BF N° 5278	anonyme	anonyme	Paris	1890 c.
Biblio : Exp. "La Gloire de V. Hugo", Grand Palais								
184 ATHOS	Affiche	Lith. en couleurs	85 × 65	BF N° 173963	Courchinoux	Impr. réunies	Paris	1920 c.
185 HUILORHINE	Cart. Post.	Impr. en couleurs	14 × 10	BF	Prompt	Sté Pr. Pharmac.	Paris	1950 c.
186 SAVING	Affiche	Lith. en couleurs	195 × 118	M. du Sport	Auzolle	Verneau	Paris	1905
Biblio : Exp. "La Petite Reine", MDP n° 103								
187 ALCYON	Affiche	Lith. en couleurs	118 × 80	BF N° 172971	Thor	Jombart	Lille	1910
Biblio : Exp. "La Petite Reine", MDP n° 107								
188 FRANÇAISE (LA)	Affiche	Lith. en couleurs	143 × 110	BF N° 91235	Burty	Dupont	Paris	1900 c.
Biblio : Exp. "La Petite Reine", MDP								
189 CAMPARI	Carte post.	Impr. noir et bl.	14 × 9	BF	Meurisse	Ruffenach	Montrouge	1931
190 COM.ANTI. ALCOOL.	Affiche	Impr. en couleurs	80 × 60	BF N° 199456	Kal photogr.	Wolf-Sicar	Paris	1951
191 MONTRES ALTITUDE	Affiche	Impr. en couleurs	63 × 31	BF N° 198746	Dominé	anonyme	Paris	1950 c.
192 CLACQUESIN	Annonce	Impr. en couleurs	28 × 18	BF	anonyme	Dillard	Paris	1936
193 LE RIVALIN	Affiche	Lith. en couleurs	128 × 91	BF N° 198292	Le Gourvil	Delmond	Paris	1923
194 CELOR	Affiche	Impr. en couleurs	62 × 80	BF N° 198290	Studio BB	Fournie	Paris	1930 c.
195 A LA GR. TRAGED.	Affiche	Xylogr. couleurs	150 × 101	BN	Rouchon	Rouchon	Paris	1855
Biblio : Exp. "Rouchon", MDP n° 63								
196 DUNANT PARFUMEUR	Etiquette	Lith. et pochoir	7 × 5	Sema	anonyme	anonyme	Paris	1834
197 DIAPHANE (LA)	Affiche	Lith. en couleurs	123 × 86	BF N° 32682	Chéret	Chaix	Paris	1890
Biblio : Henriot, n° 331								
198 DIAPHANE (LA)	Prospectus	Lith. en couleurs	13 × 9	Hessenbruch	anonyme	Bognard	Paris	1890 c.
199 SERVE	Affiche	Lith. en couleurs	154 × 129	BF N° 198523	Coulange-Lautrec	Moullot	Marseille	1900
200 TERMINUS	Affiche	Lith. en couleurs	197 × 129	BF N° 91257	Tamagno	Camis	Paris	1896
Biblio : Das Frühe Plakat, vol. 2, n° 806, Henriot, n° 199								
201 SAUPIQUET	Affiche	Lith. en couleurs	129 × 207	BF N° 193756	Jossot	Camis	Paris	1897
Biblio : L'Estampe et l'Affiche, 1897, p. 239								

202 MICHAUD	Affiche	Lith. en couleurs	61×82	MDP N° 13440	Bernard	Bourgerie	Paris	1903
203 DELION	Affiche	Lith. en couleurs	123×187	MDP N° 12389	Guillaume	Camis	Paris	1896
Biblio : Das Frühe Plakat vol. 2 n° 455, Maindron, p. 74 ; Henriot, n° 711								
204 DIVAN JAPONAIS (LE)	Affiche	Lith. en couleurs	60×80	BF (repro)	Toulouse-Lautrec	Camis	Paris	1892
205 VAPORINE	Affiche	Lith. en couleurs	124×88	MDP N° 11438	Le Mouel	Chaix	Paris	1898
206 FERRARI	Affiche	Lith. en couleurs	118×159	MDP N° 12247	Cappiello	Vercasson	Paris	1904
Biblio : Exp. Cappiello, Grand Palais, n° 224								
207 KINA CADET	Affiche	Lith. en couleurs	80×61	MDP N° 14618	Tamagno	Camis	Paris	1896
Biblio : Henriot, n° 1 046								
208 CUSENIER	Affiche	Lith. en couleurs	130×100	BF N° 173154	Tamagno	Camis	Paris	1896
Biblio : Henriot, n° 1042								
209 CORDELIERS (LES)	Affiche	Lith. en couleurs	380×200	MDP N° 12890	Cappiello	Vercasson	Paris	1904
Biblio : Exp. Cappiello, Grand Palais, n° 223								
210 VERMOREL	Affiche	Lith. en couleurs	160×120	BF N° 198541	Bridge	Art et Publici	Paris	1912
211 GERAUDEL	Affiche	Lith. en couleurs	95×63	BF N° 193537	Ogé	Verneau	Paris	1895 c.
212 RADIALVA	Affiche	Lith. en couleurs	85×63	BF N° 148582	Rohonyi	La Vasselais	Paris	1957
213 MERLE BLANC (LE)	Affiche	Lith. en couleurs	124×80	BF N° 193893	Arnac	anonyme	Paris	1925 c.
214 OXYGENE	Affiche	Lith. en couleurs	79×117	BF N° 172937	Gassier Sennep	Bedos	Paris	1947 c.
215 REGALS	Carte post.	Impr. en couleurs	14×9	Hessenbruch	Gesmar	anonyme	Paris	1925 c.
216 AUTO-PERCO-THERM.	Affiche	Lith. en couleurs	120×80	BF N° 198633	Mohr	At. Boulogne	Boulogne	1935 c.
217 ODEON DISQUES	Affiche	Lith. en couleurs	158×120	MDP N° 19917	Colin	At. P. Colin	Paris	1930
218 CHERRY CHEVALIER	Affiche	Lith. en couleurs	170×130	BF N° 197932	Valério	Devambez	Paris	1930 c.
219 VESPA	Affiche	Impr. en couleurs	120×80	BF N° 199440	Ambroise	Ag. fr. prop.	Paris	1953
220 CHESTERFIELD	Annonce	Impr. en couleurs	36×26	J.M. Lehu	photogr. an.	Life	New York	1948
221 VADEMECUM	Tabl. récl.	Impr. en couleurs	28×23	Tabaste	Piaz photogr.	Edita	Paris	1955 c.
222 SCHERK	Tabl. récl.	Impr. en couleurs	27×21	Tabaste	photogr. an.	Oscar Publicit.	Paris	1960 c.
223 ANSELME	Tabl. récl.	Impr. en couleurs	26×18	Tabaste	photogr. an.	anonyme	Paris	1955 c.
224 REYNOLDS	Affiche	Impr. en couleurs	120×160	BF N° 199454	Guilbaud phot.	SNP	Paris	1963 c.
225 CHARRIER	Affiche	Impr. en couleurs	160×119	BF N° 149217	anonyme	Courbet	Paris	1960
226 LUX	Tabl. récl.	Impr. en couleurs	150×230	BF N° 149356	photogr. an.	anonyme	Paris	1952
227 LEVI'S	Affiche	Impr. en couleurs	300×400	MDP N° 0387	anonyme	anonyme	Paris	1977
228 GLEN TURNER	Affiche	Impr. en couleurs	178×120	BF N° 199445	Feldman*Calleux	G.L.F.	Montsoult	1985
229 GLEN TURNER	Affiche	Impr. en couleurs	160×120	BF N° 199446	Feldman*Calleux	G.L.F.	Montsoult	1985
230 PARISIEN LIBERE	Affiche	Impr. en couleurs	54×41	BF N° 199457	Seguin	O.P.G.	Paris	1970 c.

Index des personnages

Index des annonceurs

(répertoriés par image)

Index des illustrateurs

Index des imprimeurs

(répertoriés par image)

Bibliographie

Ouvrages généraux

BARGIEL-HARRY (R) et ZAGRODSKI (C) « Le Livre de l'Affiche ». Ed.Alternatives, Paris, 1985.
BAURET (Gabriel) « Tout le monde peut se tromper ». *Zoom*, Paris, 1982.
BENOIT-GUYOT (Georges) « Les Colonisations manquées » (Jacques Lebaudy). Paris, J.de Gigord, 1948.
COMTESSE (Alfred) « L'Affiche artistique en Suisse. *Le Vieux Papier*, Paris, novembre 1908.
DEBRANE (Jean-Pierre) « L'Histoire de France illustrée par la publicité ». Ed.Debrane, Grenoble, 1987.
DURRY (Jean) « Le Sport à l'Affiche ». Hoëbeke, Paris, 1988.
DEVRIES « Album revue des Opinions », Calendrier, Année 1914.
GALLO (Max) « L'Affiche, miroir de l'histoire ». Robert Lafont / Princesse, Paris, 1979.
GESGON (Alain) « Sur les Murs de France ». Ed.du Sorbier, Paris, 1976.
GIROUD (Jean-Charles) « Les Affiches de H.C.Forestier ». *Genava*, 1987, t.XXXV.
GRANDJOUAN (Jules), RADIGUET (Maurice) « Les Affiches politiques », *L'Assiette au Beurre*, n°480 du 11 juin 1910.
GRAND-CARTERET (John) « Vieux Papiers, Vieilles images ». A.Le Vasseur, Paris, 1896.
JOSSOT (Gustave-Henri) « L'Affiche caricaturale ». *L'Estampe et l'Affiche*, n°10, 1897.
JULIEN (Jean-Rémy) « Musique et Publicité ». Flammarion, Paris, 1989.
MAINDRON (Ernest) « Les Affiches illustrées ». H.Launette, Paris, 1886.
MAINDRON (Ernest) « Les Affiches illustrées 1886-1895 ». G.Boudet, Paris, 1895.
MARCHETTI (Stéphane) « Affiches 1939-1945, Images d'une certaine France ». Edita Lausanne, 1982.
MERIC (Victor) « La Napoléonite — Camembert 1er ». *Les Hommes du jour*, n°229 du 5 juin 1912.
ROMI « Usines à gloires ». Ed.de Paris, Paris, 1956.
SPIESS (Dominique) « Affiches publicitaires ». Edita Lausanne, 1987.
« Das Frühe Plakat » : — Tome II, Affiches françaises et belges. Mann Verlag, Berlin, 1977.

Catalogues d'exposition

* « L'Affiche belge 1892-1914 », par Yolande Oostens-Wittamer. Bibl. royale Albert 1er, Bruxelles, 1975.
* « L'Affiche en Belgique », Musée de la Publicité, Paris, 1980.
* « L'Affichomanie, 1880-1900 », par Alain Weill. Musée de l'Affiche, Paris 1980.
* « La Belle Epoque », Textes de R.Salanon. Musée des Arts décoratifs, Paris, 1964.
* « La Belle Epoque de l'Affiche publicitaire ». Musée P.Dupuy, Toulouse, 1985.
* « Cappiello », Grand Palais, Paris,1981.
* « De l'Image au Graphisme », Musée de Bruxelles, Baudson, 1975.
* « Exposition d'Affiches artistiques françaises et étrangères ». Introduction d'Alexandre Henriot. Reims, 1896.
* « Exposition de l'Affiche en couleurs de Chéret à nos jours ». Conservatoire des Arts et Métiers. Paris, 1939.
* « Georges Clémenceau 1841-1929 », Musée du Petit Palais, 1979.
* « Lever de rideau. Les Arts du spectacle en France ». Bibliothèque Forney, Paris, 1988.
* « La Mémoire murale politique des Français », par Alain Gesgon. La Conciergerie, Paris, 1984.
* « Négripub. L'Image des noirs dans la publicité ». Bibliothèque Forney, Paris, 1987.
* « Pages d'or de l'Edition publicitaire ». Bibliothèque Forney, Paris, 1988.
* « La Petite Reine », Musée de la Publicité, Paris, 1979.
* « Rouchon », Musée de la Publicité, Paris, 1983.
* « Vendre par l'Affiche », préf.de Jean Adhémar, Grande Galerie, 214, Fg St Honoré, Paris, 1956.

Albums

Chaussures Incroyable ; Félix Potin ; High Life Tailor ; Lefèbvre Utile ; Vins Mariani.

Remerciements

Les auteurs tiennent à exprimer leur profonde gratitude

à Mr Grange, chef du Bureau des Bibliothèques de la Ville de Paris
à Mlle Brochard, inspecteur des Bibliothèques de la Ville de Paris
à Mr Daudrix, directeur de l'Agence Culturelle de Paris

à Mr.Gérard Muller pour son aide efficace et amicale
à Mr Daniel Bordet pour ses découvertes précieuses
à toute l'équipe du Musée de la Publicité, sans laquelle ce livre ne serait pas ce qu'il est : Jean-Louis Capitaine, directeur, Réjane Bargiel, Andrée Ben-Chetrit, Véronique Humbert et Christophe Zagrodsky, au Cabinet des Estampes de la Bibliothèque Nationale, en particulier Mme Laure Beaumont-Maillet, directeur, Mme Anne-Marie Sauvage et Mr Claude Bouret
au Musée du Sport : Mr Jean Durry, conservateur
au Musée Paul Dupuy de Toulouse : Mme Jeanne Guillevic, conservateur

au journal « Le Collectionneur français », à Mme Edith Di Maria et à Mme Dominique Imbert

à Mr Jean-Marc Lehu, spécialiste des Stars dans la publicité

ainsi qu'aux collectionneurs qui leur ont apporté leur concours :
Mr et Mme Bertrand, Mme Claudine Cavalan, Mr Jean-Claude Céalac, Mr Dominique Chavin, Mr Stanislas Choko, Mme France Christille, Mr Dominique Delattre, Mme Givette Deport, Mrs Jacques et Jean-Louis Fivel, Mr F. R. Gastou, Mr Jean-Charles Giroud, Mr Louis Hessenbruch, Mr Laget, Mr Léon Khatchikian, Mme France Pier, Mr Vincent Sagau, Mr André Seigneur, Mr et Mme Jean-Louis Tabaste.

à Claudine Chevrel, Thierry Devynck, Marie-Catherine Grichois, Yves Lesven, Henri Normand, Jœlle Pineau, Sylvie Pitoiset et tout le personnel de la bibliothèque Forney

à la Société des Amis de la bibliothèque Forney qui a permis l'achat de certains documents.

Sommaire

Personnages mythologiques, religieux et allégoriques
Introduction

Grandes figures de l'histoire de France

Personnalités de la vie politique

Ecrivains, champions, acteurs et vedettes

Annexes

Crédits photographiques

Ouvrage publié à l'occasion de l'exposition « Célébrités à l'Affiche » organisée par la bibliothèque Forney de décembre 1989 à mars 1990.

Photocomposition : Perrissin-Fabert, Annecy.
Photolithographie : Médiascan, Paris.
Impression, reliure : GEA, Milan.